101 Witze
FRANZÖSISCH

zum Lachen & Lernen

PONS GmbH
Stuttgart

PONS
101 Witze
FRANZÖSISCH
zum Lachen & Lernen

von
Isabelle Langenbach

2. Auflage 2021

© PONS GmbH, Stöckachstraße 11, 70190 Stuttgart, 2021
www.pons.de
E-Mail: info@pons.de
Alle Rechte vorbehalten.

Projektleitung: Majka Dischler
Autorin: Isabelle Langenbach
Redaktion: Fabienne Schmaus-Schreitmüller
Logoentwurf: Erwin Poell, Heidelberg
Logoüberarbeitung: Sabine Redlin, Ludwigsburg
Einbandgestaltung und Cover-Illustration: Mariela Schwerdt, Design & Feinschliff Studio
Layout: PONS GmbH, Stuttgart
Satz: tebitron gmbh, Gerlingen
Druck und Bindung: Multiprint GmbH, Kostinbrod

ISBN: 978-3-12-562342-2

WILLKOMMEN IN DER WELT DER WITZE!

Sie möchten Spaß haben und dabei noch etwas lernen? Sie wollen sich amüsieren und gleichzeitig Ihr Französisch trainieren? Möchten Sie bei französischen Witzen mitlachen können oder bei Gelegenheit sogar selbst einmal einen Witz auf Französisch zum Besten geben?

Dann sind Sie genau richtig bei Ihren **101 Witzen Französisch zum Lachen & Lernen**, denn hier ist der Name Programm!

Sie finden im Buch **101 Witze** und kurze, knifflige **Wortspiele** mit Übersetzung und Erklärungen und dazu passende Übungen, die Ihnen einen humorvollen Einblick in die französische Sprache und Kultur geben. Zusätzlich zu Witzen und Wortspielen erfahren Sie Wissenswertes und Skurriles zur Sprache sowie zu Land und Leuten – verpackt in kleine Info-Boxen.

UNTERHALTSAM LERNEN MIT CARTOONS UND ILLUSTRATIONEN

Das Ganze ist garniert mit einer Prise schwarzem Humor und jeder Menge lustiger **Illustrationen** und **Cartoons**.
So sind kurzweilige Unterhaltung und
langer Lernspaß garantiert!

ERWEITERN SIE GANZ NEBENBEI IHRE SPRACHKENNTNISSE. SO FUNKTIONIERT'S:

Das Buch ist in zehn Kapitel mit verschiedenen Witzekategorien – von Tierwitzen über Wortspiele, bis hin zu Arzt- oder Schülerwitzen aufgeteilt. Und natürlich spielen Witze immer auch mit den verschiedensten Klischees.

Jede Doppelseite im Buch besteht aus einer Witzeseite links mit Übersetzung und einer Übungsseite rechts mit **spielerischen Übungen**. Hier wird entweder ein bestimmtes Grammatikphänomen oder der Wortschatz aus dem Witz wieder aufgegriffen bzw. erweitert und kann nun geübt und gelernt werden. Dadurch frischen Sie Ihre Sprachkenntnisse wie von selbst wieder auf!

LOCKERE ÜBUNGEN VON LEICHT BIS SCHWER

Damit Sie die Sprache individuell passend zu Ihrem Lernniveau üben können, stehen Ihnen zu jedem Kapitel lockere **Übungen in drei Schwierigkeitsstufen** zur Verfügung:

 = leicht

 = mittel

 = schwer

LÖSUNGEN ZU DEN ÜBUNGEN AUF JEDER DOPPELSEITE

Mithilfe der **Lösungen** am Seitenrand können Sie direkt im Anschluss an jede Übung überprüfen, ob Sie richtig lagen – ohne umständliches Umblättern.

Kleiner Tipp: Übungen, in die sich noch der Fehlerteufel eingeschlichen hat, wiederholen Sie einfach zu einem späteren Zeitpunkt noch einmal. Wäre doch gelacht, wenn Sie das nicht schaffen!

Wenn Sie die Witze mit Übungen in Ihrem Lernniveau gelesen und geübt haben, können Sie sich auch steigern und schwierigere Übungen angehen.

LOS GEHT'S!

Und nun trainieren Sie sowohl Ihre Lachmuskeln als auch Ihr Französisch mit 101 Witzen und Übungen, frei nach dem Motto: Wer zuletzt lacht, lernt am besten!

Viel Spaß!

Ihre PONS-Redaktion

INHALT

	Witz	Seite
Grammatikbegriffe		**8**
1 ANIMAUX ET NATURE Tierwitze	1-9	**10-25**
2 POLICE Polizistenwitze	10-19	**26-41**
3 CHEZ LE MÉDECIN Arztwitze	20-29	**42-61**
4 FAMILLE ET AMIS Familienwitze	30-41	**62-83**
5 JEUX DE MOTS Wortspiele	42-53	**84-99**
6 AU TRAVAIL Arbeit- und Bürowitze	54-62	**100-115**
7 STÉRÉOTYPES Klischeewitze	63-73	**116-135**
8 TOTO ET ÉCOLE Schülerwitze	74-83	**136-155**
9 AU RESTAURANT Restaurantwitze	84-92	**156-173**
10 C'EST DINGUE ! Irrwitzig!	93 - 101	**174-191**

GRAMMATIKBEGRIFFE

adjectif	*Adjektiv*
auxiliaire	*Hilfsverb*
conditionnel	*Konditional*
conjugaison	*Konjugation*
discours indirect	*indirekte Rede*
féminin	*Femininum*
genre	*Geschlecht, Genus*
gérondif	*Gerundium*
impératif	*Imperativ*
infinitif	*Infinitiv*
masculin	*Maskulinum*
négation	*Verneinung*
nom	*Nomen*
objet	*Objekt*
participe	*Partizip*
passé composé	*Passé composé*
phrase	*Satz*
phrase interrogative	*Fragesatz*
pluriel	*Plural*
préfixe	*Vorsilbe, Präfix*
préposition	*Präposition*
présent	*Präsens*
pronom	*Pronomen*
pronom objet	*Objektpronomen*
pronom personnel disjoint	*betontes Personalpronomen*
pronom relatif	*Relativpronomen*

101 WITZE & WORTSPIELE

1 TROP RAPIDE

Un escargot va chez son médecin, la grenouille, car sa coquille est cassée. Le docteur lui demande :

Qu'est-ce qui s'est passé ?[1]

Je n'en sais rien, tout est allé si vite… Je n'ai pas vu la tortue arriver et marcher sur ma coquille ![2]

Eine Schnecke geht zu ihrem Arzt, dem Frosch, denn ihr Häuschen ist gebrochen. Der Arzt fragt sie:
1 „Was ist passiert?"
2 „Ich weiß es nicht, es ging alles so schnell … Ich habe die Schildkröte nicht kommen sehen und sie ist auf mein Häuschen getreten."

Wussten Sie, dass die Franzosen ca. 240 Millionen Schnecken pro Jahr essen? Es gibt ca. 400 Schnecken-Zuchtbetriebe. Die *Schneckenzucht* nennt man **l'héliciculture**.

ANIMAUX ET NATURE

ANIMAUX LENTS

Finden Sie sechs langsame Tiere in der Buchstabenschlange. Eins davon besteht aus drei Wörtern.

IESCARGOTPOVERDETERREZTLIMACEIQPARESSEUXATORTUEOUHÉRISSONRU

Les animaux lents : ....

JE N'EN SAIS RIEN

Welcher Ausdruck hat welche Bedeutung? Verbinden Sie.

1.	Je n'en sais rien.	A	Keine Ahnung!
2.	Aucune idée !	B	Davon habe ich noch nie etwas gehört!
3.	Je n'en ai jamais entendu parler !	C	Das sagt mir nichts.
4.	Je ne suis pas au courant !	D	Ich weiß es nicht.
5.	Cela ne me dit rien.	E	Ich verstehe (es) nicht.
6.	Je ne comprends pas.	F	Da bin ich nicht auf dem Laufenden!

LÖSUNG
Animaux lents : escargot (Schnecke), ver de terre (Regenwurm), limace (Nacktschnecke), paresseux (Faultier), tortue (Schildkröte), hérisson (Igel)
Je n'en sais rien : **1.** D, **2.** A, **3.** B, **4.** F, **5.** C, **6.** E

2 UN ZÈBRE

Pourquoi un zèbre ne rentre-t-il jamais dans un magasin ?[1]

Pour ne pas qu'on le confonde avec un code-barre ![2]

[1] „Warum betritt ein Zebra nie ein Geschäft?"
[2] „Damit man es nicht mit einem Barcode verwechselt!"

Le magasin, *Geschäft/Laden*, ist nicht mit **le magazine**, *Zeitschrift*, zu verwechseln!

3 UNE GIRAFE

Qu'est-ce qui est pire qu'une girafe avec un torticolis ?[1]

Un mille-pattes avec des ampoules ![2]

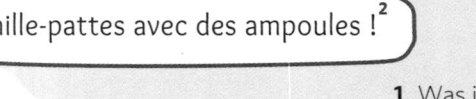

[1] „Was ist schlimmer als eine Giraffe mit einem steifen Hals?"
[2] „Ein Tausendfüßler mit Blasen an den Füßen!"

ANIMAUX ET NATURE

PRONOMS INTERROGATIFS

Finden Sie die sechs Fragewörter in der Buchstabenschlange.

IPOURQUOIRRZTIQUANDIUPOIOÜLLIQUIORQUURIRCOMMENTURQUELUOORU

Fragewörter: ....

LE PRÉSENT

Die Verben auf **-er** wie **rentrer** haben eine regelmäßige Konjugation und sind leicht zu lernen. Sehen Sie sich hier die Endungen an und ergänzen Sie die witzigen Sätze mit der passenden Form im Präsens.

je	rentr**e**
tu	rentr**es**
il/elle/on	rentr**e**
nous	rentr**ons**
vous	rentr**ez**
ils/elles	rentr**ent**

1. Le zèbre .... dans le magasin. (*rentrer*)
2. Tu .... à la girafe. (*parler*)
3. Nous .... les chaussures du mille-pattes. (*essayer*)
4. Le lion et le tigre .... les spaghettis. (*aimer*)
5. Vous .... le tango avec les animaux. (*danser*)

LÖSUNG
Pronoms interrogatifs : pourquoi, quand, où, qui, comment, que/quel
Le présent : **1.** rentre, **2.** parles, **3.** essayons, **4.** aiment, **5.** dansez

4 ENTRE LIONS

Papa Lion : – « Je t'ai vu, ce matin, courir après un chasseur autour de sa tente ! »
Petit lion : – « Oui papa, et alors ? »
Papa lion : – « Combien de fois faudra-t-il te dire de ne pas jouer avec la nourriture ? »

Papa Löwe: – „Ich habe dich heute Morgen gesehen, wie du hinter einem Jäger hergelaufen bist, rund um sein Zelt!"
Kleiner Löwe: – „Ja Papa, und?"
Papa Löwe: – „Wie oft muss ich dir noch sagen, dass man nicht mit dem Essen spielt?"

le camping
Campingplatz

la tente
Zelt

la réception
Empfang

l'aire (f.) de jeux
Spielplatz

la caravane
Wohnwagen

la piscine
Schwimmbad

UN CHASSEUR...

Haben Sie Lust auf einen Zungenbrecher?
Un chasseur sachant chasser doit savoir chasser sans son chien. – *Ein Jäger, der jagen kann, muss auch ohne seinen Hund jagen können.*
Versuchen Sie, den Satz mehrere Male hintereinander zu wiederholen, ohne sich zu verhaspeln!

LA NOURRITURE

Was heißt *Bäckerei* auf Französisch? Finden Sie es heraus, indem Sie die Wörter zum Thema Nahrungsmittel in den Zellen ergänzen.

							A	G	U	E	T	T	E
						P	U	L	E	T			
					O	E	F	S					
							A	I	T				
					M		R	G	A	R	I	N	E
			V	I	A		D	E					
	A	U	B	E	R		I	N	E				
N	O	U	I	L	L		S						
					O		A	N	G	E			
		S	A	L	A	M							
	F	R	O	M	A	G							

LÖSUNG La nourriture : boulangerie

5 HISTOIRE DE COQUILLE **

Deux escargots se promènent sur une plage. Ils croisent une limace.
– « Demi-tour, nous sommes sur une plage de nudistes ! »

Zwei Schnecken gehen an einem Strand spazieren. Ihnen begegnet eine Nacktschnecke.
– „Lass uns umkehren, wir sind an einem FKK-Strand!"

Wussten Sie, dass ca. 2 Millionen Menschen jeden Sommer FKK-Urlaub in Frankreich machen? Circa die Hälfte davon stammt aus dem Ausland, unter anderem aus Deutschland, somit ist Frankreich Nummer eins in Sachen **naturisme / nudisme** – *FKK*. Zahlreiche Ferienzentren und spezielle Strände haben sich darauf spezialisiert. Sogar mitten in Paris gibt es einen Verein, der die freie Körperkultur beim Sport ermöglicht!

ANIMAUX ET NATURE

À LA PLAGE

Was nehmen Sie gewöhnlich nicht mit zum Strand? Kreuzen Sie an.

- A une serviette
- B des lunettes de soleil
- C une écharpe
- D de la crème solaire
- E un maillot de bain
- F un magazine
- G un bonnet

DÉLICATESSES

Ja, die Franzosen essen gerne Schnecken und andere Delikatessen. Wissen Sie, was sich hinter den folgenden Speisen verbirgt? Wählen Sie die richtige Bedeutung.

1. des escargots farcis
   - A gefüllte Schnecken
   - B gefüllte Pilze

2. des cuisses de grenouilles
   - A Miesmuscheln
   - B Froschschenkel

3. du foie gras d'oie
   - A Kalbsleberwurst
   - B Gänseleberpastete

4. des tripes
   - A Kuttelnn
   - B Hirn

LÖSUNG
À la plage : C, G
Délicatesses : 1. A, 2. B, 3. B, 4. A

6 TROIS BOSSES

Qu'est-ce qui a trois bosses ?[1]

Un chameau qui s'est cogné ![2]

[1] „Was hat drei Höcker?"
[2] „Ein Kamel, das sich gestoßen hat!"

Die Pointe des Witzes liegt darin, dass **bosse** sowohl *Höcker* als auch *Beule* heißt.

ANIMAUX ET NATURE

QUEL CHAMEAU !

Welche Fakten über Kamele stimmen? Kreuzen Sie an.

	VRAI	FAUX
1. Les chameaux ont tous deux bosses.	○	○
2. Dans les bosses, il y a de l'eau.	○	○
3. Les chameaux peuvent rester 8–10 jours sans manger ni boire.	○	○
4. Un chameau trouve de l'eau à 100 km de distance.	○	○
5. On peut boire le lait des chamelles.	○	○
6. Un chameau et un lama peuvent se reproduire.	○	○
7. Un chameau peut porter jusqu'à 600 kg par jour.	○	○

Hier ein paar witzige Redewendungen rund ums Wort **chameau**:
Quel chameau ! – *Was für einen Schuft!*
faire passer un chameau par le chas d'une aiguille – *etwas nahezu Unmögliches versuchen* (wörtlich: ein Kamel durch ein Nadelöhr schieben).
Es gibt auch ein tolles arabisches Sprichwort, das aussagt, dass man statt der eigenen eher die Fehler der anderen sieht:
le chameau ne voit pas sa propre bosse, il voit la bosse de son frère (wörtlich: das Kamel sieht seinen eigenen Höcker nicht, sondern den Höcker seines Bruders).

LÖSUNG Quel chameau ! : Vrai : **1. 3. 4. 5. 6.** Faux : **2. 7.**

7 UNE BAIGNADE

Une girafe et une fourmi vont se baigner dans un lac.
La girafe s'écrie :

Attends, je vais voir si l'eau est bonne ![1]

Plus tard, elle dit à la fourmi :

C'est bon, tu peux y aller, j'ai pied ![2]

Eine Giraffe und eine Ameise gehen in einem See baden.
1 Die Giraffe schreit: „Warte, ich werde die Wassertemperatur testen."
Später sagt sie zur Ameise: **2** „Alles klar, du kannst rein, ich kann stehen!"

Der größte See in Westeuropa liegt zum Teil in Frankreich und zum Teil in der Schweiz und ist 580,03 km² groß. Auf Französisch heißt er **Lac de Genève** – *Genfer See,* aber gebräuchlicher ist der Name **Lac Léman**.

ANIMAUX ET NATURE

ALLER

Das Verb **aller** ist ein wichtiges Verb, das nur in der 1. und 2. Person Plural eine regelmäßige Konjugation hat. Ergänzen Sie die Lücken mit den passenden Formen.

je	**vais**
tu	**vas**
il/elle/on	**va**
nous	....
vous	....
ils/elles	**vont**

DE L'EAU

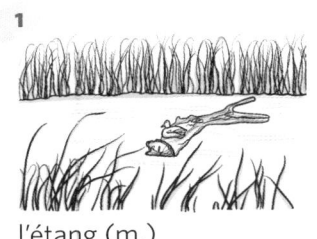

l'étang (m.)

la rivière

le lac

la mer

LÖSUNG
Aller : (nous) allons, (vous) allez

8 DEUX FLEURS

Une violette discute avec une marguerite. La marguerite se plaint :

> Moi, je n'ai pas de parfum, je suis fragile, je ne peux pas me cacher.[1]

La violette lui répond :

> Oui, mais moi, personne ne me déshabille en disant : je t'aime un peu, beaucoup, passionnément, à la folie, pas du tout ![2]

Ein Veilchen unterhält sich mit einer Margerite. Die Margerite beschwert sich:
1 „Ich habe keinen Duft, ich bin zerbrechlich, ich kann mich nicht verstecken."
Das Veilchen antwortet ihr:
2 „Ja, aber mich zieht dafür niemand aus und sagt dabei: Ich liebe dich ein bisschen, sehr, leidenschaftlich, bis zum Wahnsinn, gar nicht!"

Den Deutschen interessiert beim Zupfen der Margeritenblätter nur, ob er geliebt wird oder nicht, der Franzose will es aber genau wissen: **un peu**, **beaucoup**, **passionnément**, **à la folie**, **pas du tout**.

ANIMAUX ET NATURE

MA FLEUR PRÉFÉRÉE

 la tulipe

 la rose

 la fleur de tournesol

 la jonquille

 la pensée

 l'anémone

 le muguet

 le lys

ENCORE DES FLEURS

Welche Blume ist es auf Deutsch?
Verbinden Sie.

1.	le dahlia	.... A	die Nelke
2.	la pivoine	.... B	die Dahlie
3.	l'œillet	 C	die Pfingstrose

LÖSUNG
Encore des fleurs : 1. B, 2. C, 3. A

9 DANS LE DÉSERT

C'est une souris et un éléphant qui sont dans le désert. La souris demande à l'éléphant :

> Je peux me mettre dans ton ombre un petit moment ? Après, si tu veux, on pourra échanger !

Eine Maus und ein Elefant sind in der Wüste. Die Maus fragt den Elefanten: „Kann ich mich kurz in deinen Schatten stellen? Wenn du willst, können wir danach tauschen!"

Vorsicht, falsche Freunde! **Le dessert** – *Nachtisch* wird oft fälschlicherweise wie **le désert** – *Wüste* geschrieben! Man spricht beide jedoch anders aus: [däsär] und [dezär]!

ANIMAUX ET NATURE

PRONOMS RELATIFS

Das Relativpronomen **qui** wird verwendet, um auf Personen, Tiere oder Sachen zu verweisen, die **Subjekt** im Satz sind, das Relativpronomen **que**, wenn sie **Objekt** sind. Sehen Sie sich die drei verschiedenen Sätze an und ergänzen Sie diese mit **qui** oder **que**.

1. C'est **un éléphant et une souris** .... sont dans le désert.
2. C'est **l'éléphant** .... je préfère.
3. C'est **la souris** .... propose d'échanger les places à l'ombre.

D'ACCORD

Was bedeuten diese Redewendungen? Kreuzen Sie an.

1. Si tu veux !
   - A Si tu es d'accord !
   - B Si tu peux !
   - C Si tu le permets !

2. Je veux bien !
   - A Pas du tout !
   - B Pourquoi pas ?
   - C Hors de question !

3. Elle ne veut vraiment pas.
   - A Elle est indécise.
   - B Cela lui est égal.
   - C Elle refuse.

LÖSUNG
Pronoms relatifs : **1.** qui, **2.** que, **3.** qui
D'accord : **1.** A, **2.** B, **3.** C

10 À MOTO

Un gendarme demande à un motard :

À combien roulez-vous ?¹

À deux seulement, mais si vous voulez monter, il reste de la place !²

Ein Polizist fragt einen Motorradfahrer:
1 „Wie schnell fahren Sie?" („Wie viele sind Sie?")
2 „Nur zwei km/h (Nur zu zweit), aber wenn Sie mitfahren wollen, ist da noch Platz!"

Deux in **rouler à deux** ist sowohl die Anzahl der Passagiere als auch die Geschwindigkeit in km/h, das macht die Pointe aus!

11 ALCOOTEST

Un policier arrête un gars dans sa voiture et demande :

Alcool, drogues ?¹

Non, merci, j'ai ce qu'il me faut !²

Ein Polizist hält einen Mann in seinem Auto an und fragt:
1 „Alkohol, Drogen?" **2** „Nein, danke, ich habe, was ich brauche!"

À LA VÔTRE !

Finden Sie die zehn alkoholischen Getränke im Buchstabengitter.

A	W	H	I	S	K	Y	G	K	C
I	I	O	P	R	Z	E	W	A	H
A	V	P	A	S	T	I	S	M	A
M	K	O	L	P	J	Z	T	T	M
F	G	R	H	U	M	D	D	X	P
S	S	T	H	O	V	O	D	K	A
U	E	O	E	G	N	E	B	O	G
E	R	U	V	I	N	O	I	Y	N
V	N	L	K	N	R	E	È	D	E
T	U	P	A	M	B	K	R	L	M
X	H	J	C	I	D	R	E	A	E

NON, MERCI !

Welche Sätze drücken eine Zusage, welche eine Absage aus? Kreuzen Sie an.

- **A** Oui, avec plaisir, merci !
- **B** Volontiers, c'est gentil !
- **C** Ça va, j'en ai assez !
- **D** Non, merci, je n'en veux vraiment pas !

LÖSUNG
À la vôtre ! : *Waagerecht*: Whisky, Pastis®, rhum, vodka, vin, cidre
Senkrecht: porto, gin, bière, champagne
Non, merci ! : ☺ A, B ☹ C, D

12 BÉBÉ

Un jeune policier se confie à l'inspecteur :

Chef, ma femme attend un bébé ![1]

Et... tu soupçonnes qui ?[2]

Ein junger Polizist vertraut sich dem Inspektor an:
1 „Chef, meine Frau erwartet ein Baby!"
2 „Und ... wen hast du im Verdacht?"

13 SIFFLEMENT

Quelle est la différence entre un agent de police et une cocotte-minute® ?
Il n'y en a pas, car pour tous les deux, dès qu'ils sifflent, c'est cuit !

Was ist der Unterschied zwischen einem Polizisten
und einem Schnellkochtopf?
Es gibt keinen, denn für beide gilt, sobald sie
pfeifen, ist die Sache gelaufen!

C'est cuit bedeutet im Kochbereich *es ist gar*, im übertragenen Sinn aber auch *es ist aus (und vorbei)*.

TOUT POUR BÉBÉ

la tétine
Schnuller

le biberon
Fläschchen

le nounours
Teddybär

pleurer
weinen

EN CUISINE

Kreuzen Sie an, ob diese Aussagen richtig oder falsch sind.

	VRAI	FAUX
1. On peut cuire les pommes de terre à la cocotte-minute®.	○	○
2. On fait l'omelette à la poêle.	○	○
3. On fait la tarte aux pommes à la casserole.	○	○
4. On fait cuire la soupe au four.	○	○

LÖSUNG
En cuisine : Vrai : 1. 2. Faux : 3. 4.

14 UN VOLEUR SPÉCIAL **

> Chef, chef ! Il y a eu un vol cette nuit au supermarché ! On a volé 2 000 cartouches de cigarettes et 1 500 laitues ![1]

> Ah bon, et vous avez des soupçons ?[2]

> Oui, on recherche un lapin qui tousse ![3]

1 „Chef, Chef! Heute Nacht hat es im Supermarkt einen Diebstahl gegeben! Es wurden 2.000 Stangen Zigaretten und 1.500 Kopfsalate geklaut!"
2 „Aha, und gibt es einen Verdächtigen?"
3 „Ja, wir fahnden nach einem hustenden Kaninchen!"

fumer
rauchen

la fumée
Rauch

le paquet de cigarettes
Zigarettenschachtel

la zone non-fumeurs
Nichtraucherzone

POLICE

IL Y A

Il y a deux jours, il y a eu… Il y a kann sowohl *es gibt* als auch *vor* bedeuten. Verbinden Sie die zusammengehörigen Satzteile.

1.	Il y a des cigarettes	......A	contre la toux ?
2.	Qu'est-ce qu'il y a	......B	ils ont arrêté un lapin.
3.	Il y a une semaine,	C	dans mon sac.
4.	Vite, il y a urgence !	......D	J'appelle la police !

VOLER

Wählen Sie **voler, vol** (2x) oder **voleur** und ergänzen Sie die Lücken. Denken Sie an die richtige Zeitform von **voler**.

1. La police recherche le .... qui est parti avec plus de 3 000 euros.
2. À la banque, il y a eu un .... à main armée.
3. On m'.................... ma carte de crédit !
4. On a perdu ses papiers sur le .... pour Dubaï.

> Wussten Sie, dass **voler** nicht nur *stehlen*, sondern auch *fliegen* heißen kann und **vol** nicht nur *Diebstahl* sondern auch *Flug*? Also, zum Beispiel: **l'oiseau vole** – *der Vogel fliegt* oder **le vol pour Paris** – *der Flug nach Paris*.

LÖSUNG
Il y a : 1. C, 2. A, 3. B, 4. D
Voler : 1. voleur, 2. vol, 3. a volé, 4. vol

15 DANS LE MÉTRO

Dans le métro parisien, un homme joue de la guitare.
Un policier lui demande :
– « Avez-vous un permis pour jouer dans le métro ? »
– « Non », répond le guitariste.
– « Dans ce cas, accompagnez-moi. »
– « Avec plaisir, Monsieur l'agent. Sur quel morceau de musique ? »

In der Pariser Metro spielt ein Mann Gitarre.
Ein Polizist fragt ihn:
- „Haben Sie eine Genehmigung, um in der U-Bahn zu spielen?"
- „Nein", antwortet der Gitarrist.
- „Wenn es so ist, dann begleiten Sie mich."
- „Mit Vergnügen, Herr Wachtmeister. Zu welchem Musikstück?"

Wissen Sie, warum die französische U-Bahn, **le métro**, auf der rechten Spur fährt, obwohl alle Fernzüge auf der linken Spur fahren? Ganz einfach nur, weil Fulgence Bienvenüe und Charles Roederer, die Väter der Metro, es anders machen wollten!

POLICE

MÉTRO BOULOT...

Kennen Sie sich mit Daten und Fakten zur französischen Metro aus? Wählen Sie die richtige Antwort.

1. Le métro parisien ouvre ses portes en...
   - A 1800.
   - B 1900.

2. Comment s'appelle la société de métro parisien ?
   - A La SNCF.
   - B La RATP.

3. Combien de kilomètres fait le métro parisien ?
   - A Il fait 200 km.
   - B Il fait 159 km.

4. Complétez l'expression : métro, boulot, ...
   - A bobo.
   - B dodo.

INSTRUMENTS DE MUSIQUE

Finden Sie die sieben Musikinstrumente aus der Textschnecke.

LÖSUNG
Métro boulot... : **1.** B, **2.** B (RATP = *Régie Autonome des Transports Parisiens*), **3.** A, **4.** B
Instruments de musique : violon/violoncelle, guitare, piano, clarinette, tambour, trompette, flûte

16 QUELLE SORTIE ? **

Une commissaire est furieuse contre ses agents. Un suspect vient de s'enfuir des lieux du crime.

Je vous avais ordonné de bien surveiller toutes les sorties de l'immeuble. Comment a-t-il donc pu prendre la fuite ?[1]

Eh bien, d'après moi, il a dû sortir par une entrée ![2]

Eine Kommissarin ist wütend auf ihre Mitarbeiter. Ein Verdächtiger ist gerade vom Tatort geflohen.
1 „Ich hatte Ihnen doch befohlen, alle Ausgänge im Gebäude gut zu überwachen. Wie konnte er dann entfliehen?"
2 „Nun, meiner Meinung nach ist er wohl durch einen Eingang hinausgegangen!"

l'immeuble (m.)
Hochhaus, Gebäude

l'appartement (m.)
Wohnung

le rez-de-chaussée
Erdgeschoss

le studio
1-Zimmer-Wohnung

l'ascenseur (m.)
Aufzug

POLICE

PARTICIPES IRRÉGULIERS

Viele Partizip-Formen sind unregelmäßig. Ergänzen Sie die Lücken mit der korrekten Form des Verbs in den Klammern.

1. J'ai tout de suite .... le suspect s'enfuir. (voir)
2. Il a .... sortir par une entrée. (devoir)
3. Il a .... prendre la fuite. (pouvoir)
4. Il a .... quoi faire pour l'attraper. (savoir)

ACCORD DU PARTICIPE

Verben der Bewegung werden im **Passé composé** mit **être** konjugiert und das Partizip dem Subjekt in Geschlecht und Zahl angeglichen. Ergänzen Sie die Sätze im **Passé composé**.

1. Le suspect .... des lieux du crime. (s'enfuir)
2. Il .... sans problèmes de l'immeuble. (sortir)
3. Les agents .... de l'immeuble sans le trouver. (partir)
4. La commissaire, en colère, ... voir ses agents (aller) et leur a demandé de s'expliquer.

LÖSUNG
Participes irréguliers : 1. vu, 2. dû, 3. pu, 4. su
Accord du participe : 1. s'est enfui, 2. est sorti, 3. sont partis, 4. est allée

17 À NOTRE-DAME

> Chef, chef ! Il y a une heure, un type a pris d'assaut un car de Japonais sur le parvis de Notre-Dame. Il les a tenus en otage pendant deux heures et il s'est enfui dans le R.E.R. à Saint-Michel.[1]

> Ah bon ? Et vous avez des photos du suspect ?[2]

> Euh oui, environ 4 000...[3]

[1] „Chef, Chef! Vor einer Stunde hat ein Kerl einen Bus voller Japaner auf dem Platz vor Notre-Dame überfallen. Er hat sie zwei Stunden lang als Geiseln genommen und ist dann in die S-Bahn in Saint-Michel geflohen."
[2] „Echt? Und haben Sie Fotos des Verdächtigen?"
[3] „Nun ja, ca. 4.000 ..."

Wussten Sie, dass Frankreich das beliebteste Ziel der Japaner in Europa ist? Jährlich besuchen ca. 700.000 Japaner **l'Hexagone**, wie man das Land oft bezeichnet, weil es einem Sechseck ähnelt. Japaner geben auch insbesondere in Paris sehr gerne Geld aus, ca. 194 Euro pro Tag und pro Person!

PRÉSIDENTS ET PARIS

Wissen Sie, welcher Präsident welches berühmte Pariser Denkmal in Auftrag gegeben hat? Verbinden Sie. In Klammern steht die Amtszeit der jeweiligen Präsidenten.

1. le centre Beaubourg	.... A	François Mitterrand (1981–1995)
2. la Pyramide du Louvre	.... B	Georges Pompidou (1969–1974)
3. le musée du Quai Branly	 C	Valéry Giscard d'Estaing (1974–1981)
4. le musée d'Orsay	.... D	Jacques Chirac (1995–2007)

PARIS

Ähnlich wie die Ägypter das früher gemacht haben, bilden die Denkmäler vom **Louvre** über den **Obélisque**, den **Arc de Triomphe** bis zum Viertel **La Défense** auch eine visuelle Orientierungslinie: **l'Axe historique**, *die historische Achse.*

LÖSUNG Présidents et Paris : **1.** B, **2.** A, **3.** C, **4.** D

18 SCÈNE DE MÉNAGE

Deux gendarmes appellent leur quartier général et demandent à parler à l'officier de garde :
– « Nous avons un problème ici : une femme vient d'abattre son mari d'un coup de fusil parce que celui-ci avait marché sur le carrelage frais lavé ! »
– « Vous avez arrêté la femme ? demande l'officier. »
– « Euh non, c'est pas encore sec... »

Zwei Polizisten rufen das Hauptquartier an und fragen nach dem diensthabenden Offizier:
– „Wir haben ein Problem hier: Eine Frau hat gerade ihren Ehemann mit einem Gewehr erschossen, weil er über die frisch gewischten Fliesen gelaufen war!"
– „Haben Sie die Frau festgenommen?"
– „Ähm, nein, es ist noch nicht trocken ..."

Scène de ménage ist doppeldeutig, da es sowohl wörtlich eine *Putzszene* als auch übertragen ein *Ehestreit* sein kann. Hier ist wohl beides gemeint, wobei dieser Streit tödlich endet!

POLICE

MÉNAGE DE PRINTEMPS

1. balayer
2. nettoyer les vitres
3. essuyer
4. passer l'éponge
5. passer l'aspirateur
6. passer la serpillière

CRIME

Dieser Tathergang ist durcheinandergeraten. Bringen Sie die Wörter wieder in die richtige Reihenfolge.

meurtre | arrestation | fin de l'enquête | interrogation des témoins | prise d'empreintes | prison

Richtige Reihenfolge: ....

LÖSUNG
Crime : meurtre, prise d'empreintes, interrogation des témoins, fin de l'enquête, arrestation, prison

19 BONNE CONDUITE

C'est un policier qui arrête une voiture sur un pont. Il s'exclame :
– « Bravo, vous avez gagné 100 euros, Monsieur, pour bonne conduite ! »
L'homme répond :
– « Yeah, je vais pouvoir enfin passer mon permis de conduire ! »
– « Ne l'écoutez-pas », s'empresse sa femme de répondre, « Il est complètement ivre ! »
Et le grand-père sourd, assis sur la banquette arrière, dit :
– « Voyons ! Je vous avais bien dit qu'on n'irait pas loin avec une voiture volée ! »

Ein Polizist hält ein Auto auf einer Brücke an. Er ruft: – „Bravo, Sie haben 100 Euro für gute Fahrweise gewonnen, Monsieur!"
Der Mann antwortet:
– „Yippie, ich werde endlich meinen Führerschein machen können!"
– „Hören Sie nicht auf ihn", antwortet seine Frau schnell, „Er ist total betrunken!"
Da sagt der taube Opa, der auf der Rückbank sitzt:
– „Seht ihr! Ich hatte euch doch gesagt, dass wir mit einem gestohlenen Auto nicht weit kommen würden!"

La conduite bezeichnet sowohl die *Fahrweise* als auch das allgemeine *Benehmen*, das Wort wird im Witz daher im doppeldeutigen Sinne verwendet.

LE CONDITIONNEL

Der **Conditionnel** wird verwendet, um Wünsche, Vermutungen, Ratschläge, Bitten, Möglichkeiten auszudrücken. Die Endungen sind regelmäßig aber der Stamm ist oft unregelmäßig.
Ergänzen Sie die Sätze.

1. L'homme .... passer son permis de conduire. *(vouloir)*
2. Tu .... rouler moins vite, s'il te plaît ! *(pouvoir)*
3. Il .... 1 000 euros si personne n'avait rien dit. *(avoir)*
4. Vous .... gentils de ne rien dire au policier ! *(être)*
5. J' .... bien à la mer avec ma voiture volée ! *(aller)*

EN VOITURE

Finden Sie die acht Begriffe rund ums Auto in der Buchstabenschlange.

ULVOLANTOZBANQUETTEOUCOFFREOOUPORTIÈREUIIHZMOTEUROUZPNEULURÉTROVISEURLUNTRÉSERVOIR

La voiture : ....

LÖSUNG
Le conditionnel : **1.** voudrait, **2.** pourrais, **3.** aurait, **4.** seriez, **5.** irais
En voiture : volant, banquette, coffre, portière, moteur, pneu, rétroviseur, réservoir

20 UNE DAME

Une dame entre dans une pharmacie :

> Bonjour, Monsieur. Je voudrais de l'acide acétylsalicylique, s'il vous plaît.[1]

> Vous voulez dire de l'aspirine® ?[2]

> Ah oui, c'est cela ! J'avais complètement oublié le nom ![3]

Eine Frau betritt eine Apotheke:
1 „Guten Tag, der Herr. Ich hätte gerne Acetylsalicylsäure bitte."
2 „Meinen Sie Aspirin®?"
3 „Ach ja, genau! Ich hatte den Namen total vergessen!"

Frankreich liegt mit 32 Apotheken pro 100.000 Einwohner im Schnitt über dem europäischen Durchschnitt (31), während Deutschland mit 23 weit darunter platziert ist. Bei unserem Nachbarn gibt es zudem das Prinzip der **parapharmacie**: Zahlreiche nicht verschreibungspflichtige Pflege- und Hygieneartikel werden in Supermärkten und in speziellen Geschäften in Einkaufspassagen angeboten - wie in Drogerien, nur in viel größerem Umfang!

CHEZ LE MÉDECIN

MÉDICAMENTS

1. les comprimés
2. le spray
3. la crème/la pommade
4. les gouttes

MATIN, MIDI ET SOIR

Welche Sätze hört man üblicherweise in einer Apotheke, welche nicht? Kreuzen Sie an.

A Bonjour, je viens chercher des médicaments.
B Vous les prendrez matin, midi et soir.
C Je viens prendre un rendez-vous.
D Vous avez une ordonnance ?
E Vous avez l'addition, s'il vous plaît ?

LÖSUNG
Matin, midi et soir : 👍 A, B, D 👎 C, E

21 OVNI

Le soir, un OVNI se pose dans le parking de l'hôpital.
– « Nous sommes les visiteurs de l'espace… »
– « Peu importe, les visites sont terminées… Revenez demain ! »

Am Abend landet ein UFO auf dem Parkplatz des Krankenhauses.
– „Wir sind die Besucher aus dem Weltall …"
– „Spielt keine Rolle, die Besuchszeit ist zu Ende …
Kommen Sie morgen wieder!"

l'espace (m.)
Weltall

l'OVNI (m.) (objet volant non identifié)
UFO

la soucoupe volante
fliegende Untertasse

l'extraterrestre (m.)
Außerirdischer

CHEZ LE MÉDECIN

IMPÉRATIF

Tragen Sie die richtige Form des jeweiligen Verbs im Imperativ in die Lücken ein.

1. _____ demain, les visites sont terminées.
   (revenir//vous)
2. _____ ton manteau et _____ avec moi !
   (prendre//venir//tu)
3. _____ -y, nous sommes en retard ! *(aller//nous)*
4. _____ votre soupe, elle va vous faire du bien !
   (manger//vous)

À L'HÔPITAL

Welche Satzteile passen zusammen? Verbinden Sie.

1.	Je viens rendre visite	A	n'est pas de service aujourd'hui.
2.	Votre mère est	B	à mon mari qui a été opéré.
3.	Désolé, le médecin	C	vite, aux urgences !
4.	Deux blessés d'un accident de voiture,	D	docteur arrive dans deux minutes.
5.	Attendez ici, le	E	dans la chambre 37.

LÖSUNG
Impératif : **1.** Revenez, **2.** Prends/viens, **3.** Allons, **4.** Mangez
À l'hôpital : **1.** B, **2.** E, **3.** A, **4.** C, **5.** D

22 PAS DE SOUCIS

Un médecin conseille à son patient :

> Le soir, avant de vous coucher, laissez vos soucis au pied de votre lit.[1]

> Mais je ne peux pas, Docteur... Ma femme n'acceptera jamais de dormir par terre ![2]

Ein Arzt rät seinem Patienten:
1 „Abends, bevor Sie ins Bett gehen, lassen Sie Ihre Sorgen vor dem Bett."
2 „Aber ich kann nicht, Herr Doktor ... Meine Frau wird nie damit einverstanden sein, auf dem Boden zu schlafen!"

Wussten Sie, dass **le souci** nicht nur die *Sorge* sein kann, sondern auch eine hübsche *Ringelblume* bezeichnet?

DANS LA CHAMBRE

Was kann man im Schlafzimmer für gewöhnlich finden?
Kreuzen Sie an.

- ○ **A** un lit
- ○ **B** une armoire
- ○ **C** une machine à laver
- ○ **D** une table de nuit
- ○ **E** une chaise
- ○ **F** une lampe
- ○ **G** un four à micro-ondes
- ○ **H** un tapis

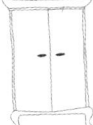

DES CONSEILS

Welche Sätze drücken Ratschläge aus?
Kreuzen Sie nur diese an.

	CONSEIL
A Je vous conseille de vous coucher tôt !	●
B Laissez vos soucis au pied du lit !	●
C Votre femme dort par terre.	●
D Vous ne devriez pas trop manger le soir.	●

LÖSUNG
Dans la chambre : A, B, D, E, F, H
Des conseils : A, B, D

23 AUTOPSIE

> Docteur, je suis très inquiet ! Votre diagnostic n'est pas le même que celui de votre confrère...¹

> Je sais, c'est toujours comme ça... Mais l'autopsie prouvera que c'est moi qui avais raison...²

1 „Herr Doktor, ich bin sehr beunruhigt! Ihre Diagnose ist nicht die gleiche wie die Ihres Kollegen ..."
2 „Ich weiß, es ist immer so ... Aber die Autopsie wird beweisen, dass ich Recht hatte ..."

Im Französischen hat man nicht das Problem der Unterscheidung zwischen *derselbe* und *der gleiche*. Es gibt nur einen Ausdruck für beide: **le même** (m.), **la même** (f.) und im Plural für beides: **les mêmes**!

CHEZ LE MÉDECIN

C'EST MOI QUI

Um etwas zu betonen, wird oft die Redewendung **c'est** im Singular, bzw. **ce sont** im Plural verwendet. Darauf folgt entweder ein betontes Personalpronomen oder ein Nomen, und je nachdem ob es Subjekt oder Objekt des Satzes ist, **qui** oder **que**. Ergänzen Sie die Sätze. Beginnen Sie mit **C'est** bzw. **Ce sont** und verwenden Sie das passende Personalpronomen mit **qui** oder **que**.

je	> **moi**
tu	> **toi**
il/elle/on	> **lui**/elle/**soi**
nous	> nous
vous	> vous
ils/elles	> **eux**/elles

1. .... avais raison. *(je)*
2. .... tu as examiné ? *(Philippe)*
3. .... ont rendez-vous avec le Dr. Martin. *(les enfants)*
4. .... tu as rencontrée au cabinet ? *(Sylvie)*

Wussten Sie, dass **savoir** nicht nur *wissen*, sondern auch *können* im Zusammenhang mit einer Fähigkeit (z. B. bezogen auf eine Sprache, eine Sportart oder ein Instrument) bedeutet? **Je sais parler français. Et toi ?**

LÖSUNG
C'est moi qui : **1.** C'est moi qui, **2.** C'est lui que, **3.** Ce sont eux qui, **4.** C'est elle que

24 LE CAFARD

C'est un homme qui va chez le médecin, il lui dit :
– « J'ai le cafard et des fourmis dans les pieds. Pourriez-vous faire quelque chose pour moi ? »
Le médecin lui répond :
– « Hum... Voyons voir... Je pense que le mieux est de vous prescrire un insecticide... »

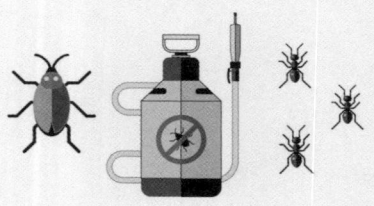

Ein Mann geht zum Arzt, er sagt zu ihm:
– „Ich blase Trübsal und meine Füße sind eingeschlafen, könnten Sie etwas für mich tun?"
Der Arzt antwortet ihm:
– „Mmh, lassen Sie mich mal sehen ... Ich glaube, es ist am besten, Ihnen ein Insektenschutzmittel zu verschreiben ..."

Die Pointe ergibt sich aus der Verwendung der Tiernamen in den französischen Redewendungen. **Avoir le cafard** (wörtlich: die Kakerlake haben) bedeutet *Trübsal blasen, einen Depri haben* und **avoir des fourmis dans les pieds** (wörtlich: Ameisen in den Füßen haben) *eingeschlafene Füße haben*. Übrigens sagt man auch: **avoir un chat dans la gorge** (wörtlich: eine Katze im Hals haben) für *einen Frosch im Hals haben*.

CHEZ LE MÉDECIN

Voyons voir, die 1. Person Plural des Imperativs von **voir** in unserem Witz, sieht etwas merkwürdig aus, weil sie mit zwei Formen von **voir** hintereinander gebildet wird.
Wollen Sie sich etwas zeigen lassen, im Sinne von *Zeig mir mal!*, verwenden Sie **faire** + Infinitiv: **Fais-moi voir !**

COMPARATIF ET SUPERLATIF

Die Steigerungsformen von Adverbien werden so gebildet:

Komparativ	**plus/moins/aussi** + Adverb + **que**	**plus vite que** = *schneller als* **moins vite que** = *weniger schnell als* **aussi vite que** = *genauso schnell wie*
Superlativ	**le plus/moins** + Adverb	**le plus vite** = *am schnellsten* **le moins vite** = *am langsamsten* *(am wenigsten schnell)*

Zwei Adverbien haben dennoch eine unregelmäßige Form. Bringen Sie die Buchstaben in die richtige Reihenfolge, um die korrekten Steigerungsformen zu bekommen.

1. *bien* → **XIMUE** .... / le ....
2. *mal* → **RPEI** .... / le ....

LÖSUNG
Comparatif et superlatif : **1.** mieux/le mieux *(besser/am besten)*, **2.** pire/le pire *(schlimmer/am schlimmsten)*

25 UN HOMME OISEAU

Un homme se rend chez son médecin traitant.

> Je suis content, je ne me prends plus pour un oiseau !¹

> Mais c'est formidable, je suis fier de vous. Mais pourquoi êtes-vous à nouveau ici, alors ?²

> Eh bien voilà, je ne sais pas vers où migrer cet hiver...³

Ein Mann geht zu seinem Hausarzt.
1 „Ich bin froh, ich halte mich nicht mehr für einen Vogel!"
2 „Aber das ist (doch) toll, ich bin stolz auf Sie. Aber warum sind Sie dann wieder hier?"
3 „Nun ja, ich weiß nicht, wohin ich diesen Winter fliegen soll ..."

Das Wort **migrer** – *wegfliegen/-ziehen* findet man auch in folgenden Begriffen:
immigrer – *einwandern*
émigrer – *auswandern*
l'immigration – *die Einwanderung*
les immigrés – *die Einwanderer*

CHEZ LE MÉDECIN

SAISONS

Kennen Sie die vier Jahreszeiten auf Französisch?
Verbinden Sie.

1. En hiver,	.... A	oublier son parapluie.
2. On voit que le printemps arrive,	.... B	je vais souvent faire du ski.
3. Je passe toujours mes vacances d'été	 C	au bord de la mer.
4. En automne, il ne faut pas	.... D	les tulipes sont en fleurs.

OISEAUX

In jeder Zeile ist nur jeweils eine Vogelart versteckt. Die Angabe in Klammern gibt Ihnen einen Hinweis darauf. Kreisen Sie die richtige Lösung ein:

1. cheval | rat | merle *(Amsel)*
2. vache | rouge-gorge | chat *(Rotkehlchen)*
3. mésange | souris | chien *(Meise)*
4. mouton | chèvre | moineau *(Spatz)*
5. cochon | coccinelle | hirondelle *(Schwalbe)*

LÖSUNG
Saisons : 1. B, 2. D, 3. C, 4. A
Oiseaux : 1. merle, 2. rouge-gorge, 3. mésange, 4. moineau, 5. hirondelle

26 MAL PARTOUT

Un monsieur va chez son médecin et lui dit :
– « Docteur, j'ai un problème, regardez : si j'appuie sur mon menton, ça me fait mal. Si j'appuie sur mon genou, c'est pareil et de même avec tout le corps ! Je crois que mes os sont très fragiles. Aidez-moi, s'il vous plaît ! »
Le médecin n'hésite pas une minute et a tout de suite la solution miracle :
– « Je crois être en mesure de vous aider... Vous vous êtes cassé le doigt ! »

Ein Mann geht zu seinem Arzt und sagt zu ihm:
– „Herr Doktor, ich habe ein Problem, schauen Sie mal: Wenn ich auf mein Kinn drücke, tut es mir weh. Wenn ich auf mein Knie drücke, ist es dasselbe und auch mit dem Rest meines ganzen Körpers! Ich glaube, meine Knochen sind sehr zerbrechlich. Helfen Sie mir bitte!"
Der Arzt zögert keine Minute und hat sofort die Wunderlösung:
– „Ich glaube, dass ich Ihnen helfen kann ... Sie haben sich den Finger gebrochen!"

LES DOIGTS

le majeur

l'index (m.)

l'annulaire (m.)

le pouce

le petit doigt/ l'auriculaire (m.)

CHEZ LE MÉDECIN

SYMPTÔMES

Wissen Sie, um welche Krankheitssymptome es sich hier handelt? Ergänzen Sie die Lücken.

1. Elle a la m _ _ _ _ _ _ e.

2. Elle t _ _ _ _ e et a mal à la g _ _ _ e.

3. Elle éternue et a un r _ _ _ e.

4. Elle a mal au v _ _ _ _ e et n'a pas d'a _ _ _ _ _ t.

5. Elle est au lit et a de la f _ _ _ _ e.

6. Elle a la t _ _ e qui tourne.

Wenn jemand sagt, **j'ai mal au cœur**, hat das nichts mit dem Herzen zu tun, er leidet an *Übelkeit!* Wenn dagegen jemandem *etwas zu Herzen geht*, wird er sagen: **ça me fait mal au cœur**.

LÖSUNG
Symptômes : **1.** migraine, **2.** tousse, gorge, **3.** rhume, **4.** ventre, appétit, **5.** fièvre, **6.** tête

27 L'HOMME ANIMAL

Un homme va chez le médecin :
– « Docteur, j'ai un appétit de cheval, je mange comme un cochon et je suis doux comme un agneau. Que me conseillez-vous de faire ? »
– « Eh bien, c'est très simple : vous devriez donc plutôt aller consulter un vétérinaire... »

Ein Mann geht zum Arzt:
– „Herr Doktor, ich habe Hunger wie ein Pferd, esse wie ein Schwein und bin sanft wie ein Lamm. Was raten Sie mir zu tun?"
– „Nun, das ist ganz einfach: Sie sollten doch lieber einen Tierarzt aufsuchen ..."

Die Redewendung **manger comme un cochon/porc** ist eigentlich gar nicht so passend! Es bedeutet ja, dass jemand ohne Manieren isst und sich dabei schmutzig macht. Aber wussten Sie, dass Schweine sehr intelligente Tiere sind und die Sauberkeit lieben?

CHEZ LE MÉDECIN

QUELLE DOUCEUR !

Was ist sonst noch **doux**, also *sanft/weich*?
Kreuzen Sie an.

- A un oreiller
- B de l'ouate
- C une pierre
- D un nounours
- E une planche

DIFFÉRENTS MÉDECINS

Für wen oder wofür sind die folgenden Ärzte zuständig?
Verbinden Sie.

1. le vétérinaire	A	le cœur
2. le cardiologue	B	les animaux
3. le pédiatre	C	les femmes
4. le gynécologue	D	les enfants
5. l'ORL	E	les os
6. le chirurgien	F	les oreilles, le nez et la gorge
7. l'orthopédiste	G	les opérations

LÖSUNG
Quelle douceur ! : A, B, D
Différents médecins : 1. B, 2. A, 3. D, 4. C, 5. F, 6. G, 7. E

28 DEVENIR CENTENAIRE ⁂

Un gars va voir son médecin et lui demande :
– « Est-ce que je vais devenir centenaire, docteur ? »
– « Est-ce que vous fumez, prenez de la drogue ou buvez de l'alcool ? »
– « Euh, non... »
– « Vous sortez souvent, jouez au casino ? »
– « Ben, non... »
– « Vous roulez vite, faites des sports extrêmes ? »
– « Bof, non... »
– « Vous faites l'amour avec des partenaires différentes ? »
– « Rien de tout cela... »
– « Alors pourquoi vous faire chier à vouloir atteindre les 100 ans ? »

Ein Typ geht zu seinem Arzt und fragt ihn:
„Werde ich 100 Jahre alt, Herr Doktor?"
„Rauchen Sie, nehmen Sie Drogen oder trinken Sie Alkohol?"
„Äh, nein ..."
„Gehen Sie viel aus, spielen Sie im Kasino?"
„Äh, nein ..."
„Fahren Sie schnell, machen Sie Extremsport?"
„Naja, nein ..."
„Schlafen Sie mit unterschiedlichen Partnerinnen?"
„Nichts von alledem ..."
„Also warum zum Teufel wollen Sie 100 Jahre alt werden?"

CHEZ LE MÉDECIN

CENT...

Es gibt viele Redewendungen mit der Zahl **cent**.
Ordnen Sie sie ihren Bedeutungen zu.

1. être à cent lieues de	.... A faire fortune
2. être aux cent coups	.... B être pressé(e)
3. gagner des mille et des cents	.... C aller et venir
4. ne pas attendre cent-sept ans	.... D être très inquiet/inquiète
5. faire les cent pas	.... E être loin de

ONOMATOPÉES

Im Witz gibt es viele **onomatopées**. Das sind kleine lautmalerische Wörter, die man am Anfang eines Satzes verwendet. Was drücken sie aus? Kreuzen Sie an.

	A	B	C	D	E	F
	Euh...	Aïe...	Ouille...	Ben...	Bof...	Hum...
Zögern						
Schmerz						

LÖSUNG
Cent... : **1.** E, **2.** D, **3.** A, **4.** B, **5.** C
Onomatopées : Zögern: A, D, E, F   Schmerz: B, C

29 SQUELETTE

Un squelette va chez le médecin. Celui-ci ouvre la porte et s'écrie, complètement horrifié en le voyant :
– « Mais vous auriez dû venir me voir beaucoup plus tôt que cela ! »

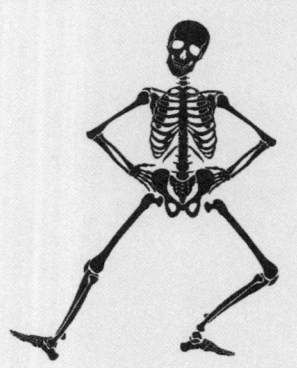

Ein Skelett geht zum Arzt. Dieser öffnet die Tür und schreit, völlig entsetzt, als er es sieht:
– „Aber Sie hätten mich schon viel früher aufsuchen müssen!"

Kennen Sie die Katakomben in Paris, **les catacombes**? Sie wurden in den Stollen stillgelegter unterirdischer Steinbrüche angelegt, 20 Meter unter der Erde, und bilden ein echtes Labyrinth unterhalb der Hauptstadt. Dort liegen die Überreste mehrerer Millionen Pariser, die dorthin gebracht wurden, nachdem die alten Pariser Friedhöfe aufgegeben wurden. Sie sind in jedem Fall einen Besuch wert!

CHEZ LE MÉDECIN

GÉRONDIF

Das **Gérondif** wird so gebildet:
en + Stamm 1. Person Plural Präsens + **-ant**. Aus **voir** und **aller** zum Beispiel werden **en voyant, en allant**.

Aber was drückt es aus? Kreuzen Sie an.

		Zeit (während, als)	Bedingung (wenn, falls)	Art und Weise (indem, Verb + -end)
A	En le voyant, il est horrifié.			
B	En passant par Paris, venez me voir !			
C	Il prend ses médicaments en mangeant.			
D	Il marche en chantant.			
E	En louant un parasol, il n'attrapera pas de coup de soleil.			

REPROCHE

Wenn man jemandem etwas vorwirft, verwendet man häufig den **Conditionnel passé**. Übersetzen Sie den Satz: *Du hättest es nicht tun sollen.*

Tu ....

LÖSUNG
Gérondif : Zeit: A, C   Bedingung: B, E   Art und Weise: D, E
Reproche : Tu n'aurais pas dû le faire.

30 QUELLE FEMME ?

Une femme demande à son mari :

> Tu préfères une femme drôle ou intelligente ?[1]

> Aucune des deux, voyons, tu sais bien que je n'aime que toi ![2]

Eine Frau fragt ihren Mann:
1 „Magst du lieber eine lustige oder eine intelligente Frau?"
2 „Weder noch, du weißt doch, ich liebe nur dich!"

31 LE BÉBÉ À QUI ? ★

Un mari dit à sa femme sur le point d'accoucher :

> Si le bébé te ressemble, ça va être extraordinaire ![1]

> Si c'est à toi qu'il ressemble, ce sera un vrai miracle ![2]

Kurz vor der Entbindung sagt ein Mann zu seiner Frau:
1 „Wenn das Baby dir ähnelt, dann wird es wundervoll!"
2 „Wenn es dir ähnelt, dann wird es ein wahres Wunder sein!"

FAMILLE ET AMIS

ADJECTIFS

Um den Charakter einer Person zu beschreiben, verwendet man viele Adjektive. Finden Sie links die positiven und rechts die negativen Adjektive in den Buchstabenschnecken.

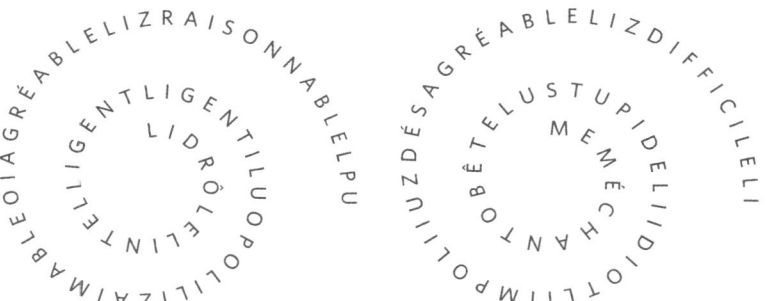

ACCOUCHEMENT

Die Sätze sind durcheinandergeraten. Bringen Sie die verschiedenen Etappen in die richtige Reihenfolge.

1. Elle accouche d'un petit garçon.
2. Elle est enceinte de trois mois.
3. Le bébé ressemble à son père.
4. Elle sort de la clinique demain.

Richtige Reihenfolge: ....

LÖSUNG
Adjectifs : Buchstabenschnecke links: drôle, intelligent, gentil, poli, aimable, agréable, raisonnable
Buchstabenschnecke rechts: méchant, bête, stupide, idiot, impoli, désagréable, difficile
Accouchement : **2. 1. 3. 4.**

32 DANS LE FRIGO

- Manu, où est ton frère ?[1]
- Je l'ai mis dans le frigo ![2]
- Mais tu es fou, il va attraper froid ![3]
- Oh, t'en fais pas, j'ai bien fermé la porte ![4]

1 „Manu, wo ist dein Bruder?"
2 „Ich habe ihn in den Kühlschrank gesteckt!"
3 „Bist du verrückt? Er wird sich verkühlen!"
4 „Oh, mach dir keine Sorgen, ich habe die Tür gut zugemacht!"

IL FAIT FROID

le réfrigérateur,
le frigo (ugs.)
Kühlschrank

le congélateur
Tiefkühltruhe,
Gefrierschrank

UNE GLACE

Hier dreht sich alles ums Eis:

1

les glaçons

2

la glace

3

le glacier

4

la glacière

T'EN FAIS PAS !

Umgangssprachlich wird **ne** in der Verneinung **ne... pas** oft weggelassen. Was bedeuten diese Redewendungen? Kreuzen Sie an.

1. T'en **fais** pas !
   - A Ne te fais pas de soucis !
   - B Ne te fais pas mal !

2. **Fais** pas de grimaces !
   - A Ne fais pas le singe !
   - B Ne fais pas la cuisine !

LÖSUNG
T'en fais pas ! : **1.** A, **2.** A

33 LA VIEILLE DAME

Julien demande 10 euros à son père.
– « C'est pour quoi faire ? »
– « Pour donner à une vieille dame », répond l'enfant.
– « C'est très bien de vouloir l'aider ! Je suis fier de toi, mon fils... Et où est donc cette vieille dame ? »
– « Là-bas, elle vend des glaces ! »

Julien bittet seinen Vater um 10 Euro.
- „Wozu brauchst du sie?"
- „Um sie einer alten Dame zu geben", antwortet das Kind.
- „Das ist sehr gut, dass du sie unterstützen willst! Ich bin stolz auf dich, mein Sohn... Und wo ist diese alte Dame nun?"
- „Dort drüben, sie verkauft Eis!"

Wussten Sie, dass die Franzosen ca. 7,5 Milliarden Euro pro Jahr spenden? Und zwar am liebsten an Organisationen, die sich besonders für Kinderschutz oder den Schutz vor Armut und Ausgrenzung engagieren oder auch die medizinische Forschung unterstützen.

FAMILLE ET AMIS

AIDER

Welche Verben haben mit dem Thema „Hilfe und Unterstützung" zu tun? Kreuzen Sie an.

- ○ **A** aider
- ○ **B** soutenir
- ○ **C** donner
- ○ **D** demander
- ○ **E** acheter
- ○ **F** offrir

AVEC OU SANS PRÉPOSITION

Einige Verben benötigen die Präposition à, auf andere folgt direkt ein Objekt. Ergänzen Sie die Lücken, wenn nötig, mit der Präposition à.

1. Julien demande de l'argent .... son père.
2. Il répond .... son père qu'il veut donner les 10 euros .... une vieille dame.
3. C'est bien d'aider .... les personnes âgées.

LÖSUNG
Aide : A, B, C, F
Avec ou sans préposition : **1.** à, **2.** à, à, **3.** keine Präposition

34 GRANDE NOUVELLE

Un père à son fils :

Lucas, j'ai une très grande nouvelle pour toi ! Tu viens d'avoir une petite sœur ! Tu es content ?[1]

Oh, c'est super ! Mais il faut vite aller prévenir maman ![2]

Ein Vater zu seinem Sohn:
1 „Lukas, ich habe eine großartige Neuigkeit für dich! Du hast gerade eine kleine Schwester bekommen! Freust du dich?"
2 „Oh, das ist ja super! Aber wir müssen schnell Mama Bescheid geben!"

BONNES NOUVELLES

informer
informieren

annoncer
ankündigen

communiquer
kommunizieren

prévenir
(vor)warnen, Bescheid geben

FAMILLE ET AMIS

IL FAUT + INFINITIF

Der Ausdruck **il faut** + Infinitiv wird im Französischen sehr oft verwendet und drückt eine Notwendigkeit aus: *Man muss …* Was passt hier zusammen? Verbinden Sie.

1.	Ma femme va bientôt accoucher !	……… A	Il faut la féliciter.
2.	Elle vient d'avoir un bébé.	……… B	Il faut vite l'emmener à l'hôpital !
3.	Elle rentre à la maison demain avec le bébé.	……… C	Il faut lui préparer un biberon.
4.	Le bébé pleure très fort.	……… D	Il faut préparer la chambre de l'enfant !

FRÈRES ET SŒURS

Wissen Sie, wer wer ist? Kreuzen Sie an.

1. Le fils de mon père, mais pas de ma mère, c'est…
   - ○ A mon frère.
   - ○ B mon demi-frère.
   - ○ C mon beau-frère.

2. La femme de mon frère, c'est…
   - ○ A ma demi-sœur.
   - ○ B ma sœur.
   - ○ C ma belle-sœur.

Im Französischen gibt es kein einzelnes Wort für *Geschwister*, man sagt **les frères et sœurs**.

LÖSUNG
Il faut + Infinitif : 1. B, 2. A, 3. D, 4. C
Frères et sœurs : 1. B, 2. C

35 NUDISME

Un homme s'étonne auprès de son copain :

Quoi ? Toi, si pudique d'ordinaire, tu as emmené ta femme dans un camp de nudistes cet été ?[1]

Oui, au moins, pendant un mois, elle ne s'est pas plainte de n'avoir rien à se mettre sur le dos ![2]

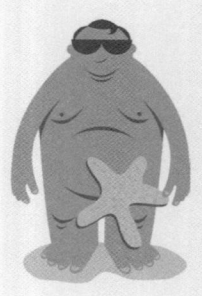

Ein Mann wundert sich über seinen Kumpel:
1 „Was? Du, so ein schamhafter Kerl, bist diesen Sommer mit deiner Frau zu einer FKK-Anlage gefahren?"
2 „Ja, so hat sie sich wenigstens einen Monat lang nicht darüber beklagt, dass sie nichts zum Anziehen hat!"

Mitbringen und *mitnehmen* haben jeweils zwei verschiedene Entsprechungen im Französischen, je nachdem, ob es sich um eine Person oder einen Gegenstand handelt:
amener une amie – *eine Freundin mitbringen*
emmener une amie – *eine Freundin mitnehmen*
apporter un cadeau – *ein Geschenk mitbringen*
emporter des vêtements – *Kleidung mitnehmen*

VERBES PRONOMINAUX

Im Französischen bilden die Reflexivverben das **Passé composé**, anders als im Deutschen, immer mit dem Hilfsverb être. Ergänzen Sie die Lücken mit den passenden Verbformen im **Passé composé**. Denken Sie daran, das Partizip anzugleichen.

1. L'homme .... auprès de son copain. *(s'étonner)*
2. Elle ne .... pas .... du tout. *(se plaindre)*
3. Elle .... en jupe aujourd'hui, vu le beau temps. *(se mettre)*

DE DOS

Von hinten: Es gibt viele Redewendungen mit dem Wort dos – *Rücken*. Kennen Sie deren Bedeutung? Verbinden Sie.

1.	en avoir plein le dos	A	être une bonne excuse
2.	avoir bon dos	B	faire des compliments exagérés à quelqu'un
3.	passer de la pommade dans le dos de quelqu'un	C	en avoir marre

LÖSUNG
Verbes pronominaux : **1.** s'est étonné, **2.** s'est … plainte, **3.** s'est mise
De dos : **1.** C, **2.** A, **3.** B

36 QUELLE JOIE !

Une jeune femme dit à son mari qui vient de rentrer du travail :
– « Chéri, j'ai une grande nouvelle pour toi : très bientôt, nous serons trois dans cette maison au lieu de deux ! »
Le mari est fou de joie et prend sa femme dans ses bras en l'embrassant. Elle poursuit :
– « ... Je suis vraiment contente que tu le prennes de cette façon ! Maman arrive demain matin ! »

Eine junge Frau sagt zu ihrem Mann, der gerade, von der Arbeit zurück ist:
– „Schatz, ich habe eine tolle Neuigkeit für dich: Sehr bald werden wir zu dritt statt zu zweit in diesem Haus sein!"
Der Ehemann freut sich wahnsinnig, umarmt seine Frau und küsst sie dabei. Sie fährt fort:
– „... Ich bin wirklich froh, dass du es so aufnimmst! Mutter kommt morgen früh!"

JE T'AIME

(mon) chéri/
(ma) chérie
(mein) Schatz

Je t'aime

être amoureux/
amoureuse
verliebt sein

mon amour
(mein) Liebling

ADVERBES DE TEMPS

Finden Sie zwölf Zeitadverbien im Buchstabengitter und kreisen Sie sie ein.

R	B	I	E	N	T	Ô	T	T	S
E	A	A	D	É	J	À	O	U	O
N	W	W	E	M	E	T	U	H	U
C	J	A	M	A	I	S	J	I	D
O	E	C	A	I	H	G	O	E	A
R	R	T	I	N	P	F	U	R	I
E	N	K	N	T	L	D	R	U	N
J	E	N	F	I	N	E	S	B	P
D	A	B	È	R	D	U	N	E	U
M	M	S	O	U	V	E	N	T	I
A	V	A	N	T	A	P	R	È	S

Bei Ausdrücken der Freude mit **que** wie **je suis content(e) que** folgt der **Subjonctif**:
Je suis content que tu viennes ! – *Ich bin froh, dass du kommst!*

LÖSUNG
Adverbes de temps : *Waagerecht*: bientôt, déjà, jamais, enfin, souvent, avant, après
Senkrecht: encore, demain, toujours, soudain, puis

37 QUEL VACARME !

Un homme rentre plutôt tard le soir à la maison après avoir fait la tournée des bistrots. Sa femme est déjà couchée mais ne dort pas encore. Soudain, elle entend un grand bruit dans l'escalier et demande, étonnée :
– « Mais qu'est-ce qui se passe ? »
– « Mon veston est tombé ! »
– « Mais ça ne peut pas faire un vacarme pareil ! »
– « C'est parce que j'étais encore dedans... »

Ein Mann kommt am Abend eher spät nach einer Kneipentour nach Hause. Seine Frau liegt schon im Bett, schläft aber noch nicht. Plötzlich hört sie ein lautes Poltern auf der Treppe und fragt verwundert:
– „Was ist denn da los?"
– „Mein Jackett ist runtergefallen!"
– „Aber das kann doch nicht so einen Krach machen!"
– „Das kommt daher, dass ich noch darin steckte ..."

Seit dem 19. Jahrhundert gibt es die berühmten *bistro(t)s*, ursprünglich waren es reine *Weinschenken*. Aber mit *café* oder *bistro(t)* bezeichnet man heutzutage eher *Straßencafés* oder *Kneipen*. Davon gibt es in Frankreich ca. 35.000! **À la vôtre !** – *Zum Wohle!*

FAMILLE ET AMIS

AU BISTROT

Was denken Sie? Kann man die folgenden Sätze in der Kneipe benutzen? Kreuzen Sie an.

	OUI	NON
1. On prend un pot ?	○	○
2. Tchin tchin !	○	○
3. À la tienne !	○	○
4. À tes souhaits !	○	○
5. Un diabolo grenadine, s'il vous plaît !	○	○
6. Deux livres de beurre, s'il vous plaît !	○	○
7. Une grande pression, merci !	○	○

BOISSONS INTÉRESSANTES

Die Getränke heißen so wie die Bilder.
Tragen Sie ihre Namen ein.

1

Pastis® + sirop de grenadine = la ....

2

Pastis® + sirop de menthe = le ....

LÖSUNG
Au bistrot : Oui : **1. 2. 3. 5. 7.** Non : **4. 6.**
Boissons intéressantes : **1.** tomate, **2.** perroquet

38 DISPUTE DE COUPLE **

Un couple se balade en voiture à la campagne. Ils viennent d'avoir une dispute et ne se parlent plus. Ils passent devant une ferme où on voit des cochons et des ânes. Le mari ose enfin rompre le silence et dit :
– « Tiens, de la famille à toi ? »
Son épouse lui répond du tac au tac :
– « Oui, par alliance ! »

Ein Ehepaar macht eine Spazierfahrt auf dem Land. Sie haben gerade einen Streit gehabt und reden nicht mehr miteinander. Sie fahren an einem Bauernhof vorbei, wo man Schweine und Esel sieht. Der Mann wagt es schließlich, die Stille zu durchbrechen und sagt:
– „Schau, Verwandte von dir?"
Seine Ehefrau kontert, wie aus der Pistole geschossen:
– „Ja, angeheiratet!"

Tac war das Geräusch, dass die Waffen beim Fechtkampf machten, daher stammt die Wendung **répondre/riposter du tac au tac** und bedeutet *sofort und schlagfertig antworten*, wie aus der Pistole geschossen.

À LA FERME

Was findet man alles auf dem Bauernhof? Bringen Sie die Buchstaben wieder in die richtige Reihenfolge, um die passenden Begriffe zu finden.

1. **PLEOUS** les ....
2. **TTRAEURC** un ....
3. **VESCHA** les ....
4. **CCSONHO** les ....
5. **GGEANR** la ....

D'ACCORD OU PAS

Welche Sätze sagt man in einem Streit, welche sagt man bei guter Stimmung? Kreuzen Sie an.

	DISPUTE	BONNE ENTENTE
1. Tu veux toujours avoir raison !	○	○
2. On ne peut jamais discuter avec toi !	○	○
3. Oui, bien sûr, je suis d'accord avec toi.	○	○
4. Mais ça ne va pas, non !	○	○
5. C'est vraiment gentil de ta part.	○	○

LÖSUNG
À la ferme : **1.** poules, **2.** tracteur, **3.** vaches, **4.** cochons, **5.** grange
D'accord ou pas : Dispute : **1. 2. 4.** Bonne entente : **3. 5.**

39 TATIE

La tante de Frédéric doit rentrer chez elle après avoir passé une semaine chez sa sœur. Il faut qu'elle prenne le train le lendemain matin et elle demande à son neveu :

> Mon petit Fred, ça va ? T'es pas trop triste que je parte demain ?[1]

> Oh si, tatie, j'aurais préféré que tu partes aujourd'hui ![2]

Frédérics Tante muss wieder nach Hause fahren, nachdem sie eine Woche bei ihrer Schwester verbracht hatte. Sie muss am nächsten Morgen den Zug nehmen und fragt ihren Neffen:
1 „Mein kleiner Fred, wie geht's? Bist du nicht zu traurig, dass ich morgen abreise?"
2 „Oh doch, Tantchen, mir wäre es lieber gewesen, wenn du heute schon gefahren wärst."

Verwechseln Sie nicht **la tante** und **la tente**: Das erste Wort bezeichnet *die Tante*, das zweite *das Zelt*. Beide werden aber genau gleich ausgesprochen! Es gibt im Französischen viele dieser sogenannten Homophone, zum Beispiel:

le pain – *Brot* und **le pin** – *Pinie*
le mètre – *Meter* und **mettre** – *legen/setzen*
l'amande – *Mandel* und **l'amende** – *Geldbuße*

FAMILLE ET AMIS

SUBJONCTIF

Nach **il faut que** folgt immer der **Subjonctif**. Ändern Sie die Sätze um und wählen Sie die passende Verbform.

1. Tu dois rentrer chez toi.
   Il faut que ....
2. Elle doit prendre le train demain matin.
   Il faut qu' ....
3. Elle doit faire ses bagages avant de partir.
   Il faut qu' ....

APRÈS AVOIR PASSÉ

Um das deutsche „nachdem" zu übersetzen, muss man im Französischen **après + Infinitif passé** verwenden. Dafür brauchen Sie **avoir** oder **être** und das **Participe passé: avoir passé, être rentré(e)** … Ergänzen Sie die Lücken mit den passenden Formen.

1. Après ...., elle est allée dire au revoir.
   (faire ses bagages).
2. Après ...., elle a pris un taxi.
   (dire au revoir).
3. Après ...., elle a lu un livre.
   (monter dans le train)

LÖSUNG
Subjonctif : **1.** … tu rentres chez toi, **2.** … elle prenne le train demain matin, **3.** … elle fasse ses bagages avant de partir.
Après avoir passé : **1.** avoir fait ses bagages, **2.** avoir dit au revoir, **3.** être montée dans le train

40 DIAGNOSTIC DIFFICILE ★★★

Un homme vient de tomber d'un immeuble haut de 15 étages.
Sa femme appelle le médecin. Celui-ci lui déclare :
– « Madame, votre mari est mort ! »
Tout d'un coup, l'homme se lève et s'exclame :
– « Mais, non, je ne suis pas mort ! »
La femme réplique alors, énervée :
– « Mais, enfin, chéri, arrête ! Le docteur est quand même
mieux placé que toi pour faire un diagnostic ! »

Ein Mann ist gerade aus einem 15-stöckigen
Hochhaus gefallen. Seine Frau ruft den Arzt an.
Dieser erklärt:
– „Liebe Frau, Ihr Mann ist tot!"
Auf einmal steht der Mann auf und ruft:
– „Aber nein, ich bin nicht tot!"
Da erwidert die Frau genervt:
– „Aber Schatz, hör doch auf! Der Arzt weiß
doch wohl besser als du, welche Diagnose richtig ist!"

la mort
Tod

le mort
Toter

la morte
Tote

Vorsicht: **le diagnostic** schreibt man mit **-c**, aber das Verb **diagnostiquer** mit **-qu**!

RÉPLIQUE

Um in der indirekten Rede zu sprechen, stehen viele Verben zur Verfügung. Verbinden Sie diese mit ihren deutschen Entsprechungen.

1. déclarer	A (aus)rufen
2. répliquer	B erklären
3. s'exclamer	C kontern
4. riposter	D erwidern
5. répondre	E antworten
6. affirmer	F leugnen
7. nier	G behaupten

In Frankreich gibt es gar nicht so viele Wolkenkratzer. Das erkennt man schon daran, dass dort Wohnhäuser ab einer Höhe von 28 Metern schon als „hohe Hochhäuser" gelten. Der Eiffelturm zählt übrigens nicht als Wolkenkratzer, daher sind die zwei größten Hochhäuser in Paris: **la Tour First** (231 m) und **la Tour Montparnasse** (210 m). Die meisten Wolkenkratzer der Hauptstadt befinden sich im Geschäftsviertel **La Défense**.

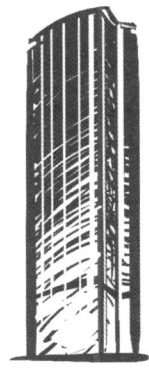

LÖSUNG
Réplique : 1. B, 2. D, 3. A, 4. C, 5. E, 6. G, 7. F

41 GARE DU MOULIN

Jean est en train de jouer au train électrique à côté de sa mère qui repasse tranquillement. Au bout d'un moment, elle entend :
– « Gare du moulin, gare des crétins, 5 minutes d'arrêt. »
– « Jean, arrête tout de suite, sinon je te punis et tu files dans ta chambre ! »
Quelques minutes plus tard, elle entend :
– « Gare d'Ajaccio, gare des idiots ! »
– « Jean, bravo, tu es puni. Je t'avais dit d'arrêter ! Dans ta chambre ! »
Au bout de deux heures, elle a des remords et va le chercher. Elle lui dit alors de retourner jouer et elle entend :
– « Gare de Lille, deux heures de retard à cause d'une débile ! »

Jean spielt gerade mit seiner elektrischen Eisenbahn neben seiner Mutter, die in Ruhe bügelt.
Nach einer Weile hört sie:
– „Mühlenbahnhof, Deppenbahnhof, 5 Minuten Halt!"
– „Jean, hör sofort auf, sonst muss ich dich bestrafen und dann musst du in dein Zimmer!"
Ein paar Minuten später hört sie:
– „Ajaccio-Bahnhof, Idiotenbahnhof!"
– „Jean, gratuliere, jetzt kommt die Strafe. Ich hatte dir gesagt, du sollst aufhören! Los, ab in dein Zimmer!"
Nach zwei Stunden hat sie Gewissensbisse und holt ihn zurück. Sie sagt ihm, er darf wieder spielen kommen und dann hört sie:
– „Lille-Bahnhof, zwei Stunden Verspätung wegen einer Geistesgestörten!"

FAMILLE ET AMIS

INSULTES

Finden Sie die acht Beschimpfungen in der Buchstabenschlange.

IDCRÉTINLUIDIOTODÉBILEOIMBÉCILELUNIAISOIANDOUILLEPOCONLUSALAUDLI

Insultes : ....

QUIZ DE TRAINS

Kennen Sie sich aus, wenn es um Bahnhöfe geht? Kreuzen Sie an.

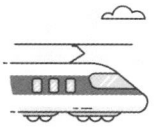

1. Combien y a-t-il de grandes gares à Paris ?
   - ○ A 4
   - ○ B 7

2. De quelles gare peut-on partir pour l'Allemagne ?
   - ○ A Gare Paris Montparnasse
   - ○ B Gare Paris Nord

3. Quelle vitesse maximale atteint un TGV avec passagers ?
   - ○ A 470 km/h
   - ○ B 320 km/h

4. À quelle capitale européenne l'Eurostar relie-t-il Paris ?
   - ○ A Rome
   - ○ B Londres

LÖSUNG
Insultes : crétin, idiot, débile, imbécile, niais, andouille, con, salaud
Quizz de trains : **1.** B, **2.** B, **3.** B, **4.** B

42 MONSIEUR…

Monsieur et Madame Coptaire ont un fils.
Comment l'appellent-ils ?
— « Élie parce que c'est Élie Coptère ! »

Herr und Frau Coptaire haben einen Sohn.
Wie nennen sie ihn?
– „Élie, weil es Élie Coptère ergibt!"
(Élie Coptaire = **hélicoptère** – Hubschrauber)

> Es gibt sehr viele Witze dieser Art, in denen der Vorname und der Nachname zusammen ausgesprochen ein bestimmtes Wort ergeben. Das macht die Pointe aus!

43 ET MADAME…

Monsieur et Madame Térieur ont deux fils. Quels prénoms ont-ils ?
— « Alain et Alex parce que c'est Alain Térieur et Alex Térieur ! »

Herr und Frau Térieur haben zwei Söhne.
Welche Vornamen haben sie?
– „Alain und Alex, weil es Alain Térieur und Alex Térieur ergibt!"
(Alain Térieur = **à l'intérieur** – innen,
Alex Térieur = **à l'extérieur** – außen)

JEUX DE MOTS

MONSIEUR, MADAME

Man kann **Monsieur** und **Madame** vor dem Nachnamen verwenden. In der Anrede in einem Brief oder einer E-Mail stehen beide jedoch ohne den Namen (Plural: **Messieurs** und **Mesdames**). **Mademoiselle** wird noch immer für junge Damen, die unverheiratet sind, benutzt.
Verbinden Sie die zusammengehörenden Sätze oder Satzteile.

1.	Bonjour, Monsieur Dupont. Moi, c'est Madame Lucin.	.... A	Je vous écris pour vous informer sur les horaires d'hélicoptère.
2.	Cher Monsieur,	.... B	Enchanté de faire votre connaissance, Madame.
3.	Mesdames et Messieurs,	 C	voudriez-vous danser avec moi ?
4.	Mademoiselle,	.... D	le spectacle va commencer !

PRÉPOSITIONS DE LIEU

Finden Sie acht Ortspräpositionen in der Buchstabenschlange. Vorsicht, eine Präposition kann aus mehreren Wörtern bestehen.

SSURLUSOUSUODANSLIENUODEVANTLIUDERRIÈRELIÀCÔTÉDEÖIPRÈSDELUI

Prépositions : ....

LÖSUNG

Monsieur, Madame : **1.** B, **2.** A, **3.** D, **4.** C
Prépositions de lieu : sur, sous, dans, en, devant, derrière, à côté de, près de

44 SANS VIANDE

Quel est le fruit le plus végétarien ?
– « C'est la pastèque parce que c'est pas steak ! »

Welche Frucht ist die vegetarischste?
- „Es ist die Wassermelone,
weil sie kein Steak ist!"
(pastèque = **pas steak** – *kein Steak*)

45 LETTRES SPÉCIALES ★

Quelles sont les lettres de l'alphabet qui empêchent les oiseaux de voler ?
– « L K C. »

Welche Buchstaben des Alphabets verhindern,
dass Vögel fliegen können?
- „L K C."
(L K C = **aile cassée** – *gebrochener Flügel*)

JEUX DE MOTS

RÉGIME VÉGÉTARIEN

Was isst ein Vegetarier nicht? Kreuzen Sie an.

- A du poisson
- B des œufs
- C des fruits
- D des légumes
- E de la viande
- F des céréales

Végétarien ist die Übersetzung von *Vegetarier*. *Veganer* heißt auf Französisch **végétalien** oder **vegan** (**végane* aussprechen!). In Frankreich haben es Vegetarier und Veganer nicht leicht: Die entsprechenden Produkte findet man zwar in den großen Supermärkten, aber in Restaurants ist es oft schwierig, rein vegetarische/vegane Speisen auf der Karte ausfindig zu machen!

LETTRES-MOTS

Der Name mancher Buchstaben hört sich wie ein ganzes Wort an: L = **elle**, **aile**, M = **aime**, H = **hâche**, N = **haine**, O = **eau**, T = **thé** etc. In einer SMS könnte man z. B. schreiben: **LMleT** = **elle aime le thé**.

LÖSUNG
Régime végétarien : A, E, *Veganer*: auch B

46 THON ET SARDINE ★

Un thon appelle son amie la sardine au téléphone :

Allô ?[1]

Non, à l'huile ![2]

Ein Thunfisch ruft seine Freundin die Sardine (auf dem Telefon) an:
1 „Hallo?" (allô = **à l'eau** – *im Wasser*)
2 „Nein, im Öl!"

Les sardines à l'huile bezeichnen *die Ölsardinen*, also die Sardinen in der Dose.

47 ÉLÉPHANTS À PARIS ★

Pourquoi les éléphants vivent tous à Paris ?
– « Car ils adorent le quartier de la Défense ! »

Warum leben alle Elefanten in Paris?
– „Weil sie das Viertel La Défense lieben!"

La défense hat mehrere ganz unterschiedliche Bedeutungen. Es bedeutet sowohl *Verteidigung, Verbot* als auch *Stoßzahn* des Elefanten. Auch das moderne Geschäftsviertel in Paris ist so benannt: **La Défense**. Darin besteht das Wortspiel!

JEUX DE MOTS

HOMOPHONES

Es gibt im Französischen sehr viele Wörter, die gleich ausgesprochen werden, aber eine andere Bedeutung und Schreibweise haben. Wählen Sie das korrekte Wort aus.

1. Le thon prend des court | cours | cour de natation.
2. La sardine boit un vert | verre | ver d'eau salée.
3. L'éléphant a mal aux dans | d'en | dents.
4. Je ne c'est | ses | ces | sais pas où est la Défense.

TOUT ET TOUS

Das Pronomen **tout** bezeichnet *alles*, während **tous** (das **s** wird ausgesprochen) *alle* bedeutet.
Übersetzen Sie.

1. Ich mag alles.

   ....

2. Sie kommen alle.

   ....

3. Alles ist gut.

   ....

LÖSUNG
Homonymes : **1.** cours, **2.** verre, **3.** dents, **4.** sais
Tout et tous : **1.** J'aime tout. **2.** Ils viennent tous. **3.** Tout est/va bien.

48 CITRON ET ORANGE ⋆⋆

Un citron et une orange veulent traverser la route. Le citron est arrivé sur le trottoir d'en face. L'orange veut traverser à son tour, mais elle se fait écraser. Le citron lui dit alors :
– « Bah alors, Juju, tu te presses ? »

Eine Zitrone und eine Orange, wollen über die Straße gehen. Die Zitrone hat es schon zur anderen Seite geschafft. Die Orange will auch hinübergehen, wird aber überfahren. Die Zitrone sagt dann zu ihr:
– „Nun denn, Juju, beeilst du dich/presst du dich aus?"

Juju ist ein Kosename für Julien, **le jus** ist *der Saft*. Und **presser** heißt *auspressen*, aber **se presser** *sich beeilen*. Das macht hier die Pointe aus!

49 LE VOLEUR ⋆⋆

Un voleur est sur le toit d'un immeuble de vingt étages. Tout à coup, son pied glisse et il tombe dans le vide. Les policiers se disent : « Ça a été son dernier vol ! »

Ein Dieb steht auf dem Dach eines 20-stöckigen Hochhauses. Plötzlich rutscht sein Fuß aus und er fällt in die Tiefe. Die Polizisten sagen zueinander:
„Das ist wohl sein letzter Flug/Diebstahl gewesen!"

JEUX DE MOTS

GALLICISMES

Einige französische Wörter wie **trottoir** gibt es auch im Deutschen. Finden Sie zehn weitere Wörter im Buchstabengitter?

Z	C	H	A	N	S	O	N	H	M
U	J	P	Z	R	M	B	L	O	A
F	A	F	P	A	B	F	W	M	N
A	L	Y	F	I	L	O	U	M	N
Ç	O	R	S	S	K	Y	L	A	E
O	U	I	D	É	E	E	N	G	Q
N	S	E	S	R	E	R	L	E	U
R	I	G	A	R	A	G	E	L	I
N	E	C	E	S	A	U	C	E	N

AUTRES AGRUMES

Les agrumes sind *Zitrusfrüchte!*

1

le pamplemousse

2

le citron vert

LÖSUNG
Gallicismes : *Waagerecht*: chanson, filou, idée, garage, sauce
Senkrecht: façon, jalousie, foyer, hommage, mannequin

50 GUILLI GUILLI

Que fait une baleine lorsqu'on la chatouille ?
– « Elle dit : c'est assez ! J'ai le dos fin ! Et elle se cache
à l'eau… »

Was macht ein Wal, wenn man ihn kitzelt?
- „Er sagt: Das reicht, ich habe einen feinen Rücken!
Und er versteckt sich im Wasser …"

Die Wortspiele ergeben sich daraus, dass manche Satzteile wie ganze Wörter ausgesprochen werden: **c'est assez** = **cétacé**, **le dos fin** = **le dauphin**, **cache à l'eau** = **cachalot**.

BALEINES

le cétacé
Tier aus der Familie
der Wale und Delfine

le dauphin
Delfin

la baleine
Wal

le cachalot
Pottwal

JEUX DE MOTS

INTERJECTIONS

Was sagt man wann? Verbinden Sie.

1.	Guilli, guilli…	A	quand on éternue
2.	Aïe !	B	quand on chatouille quelqu'un
3.	Atchoum !	C	quand on s'est fait mal
4.	Bof !	D	quand on n'aime pas trop
5.	Chut !	E	quand on est très content
6.	Ouf !	F	quand on veut le silence
7.	Tant pis !	G	quand on est soulagé
8.	Tant mieux !	H	quand quelque chose s'est mal passé

Wussten Sie, dass man sogar in Frankreich echte Wale im Meer beobachten kann? Im **Golfe de Gascogne** (Übergang zum Atlantik zwischen der Bretagne und der Nordküste Spaniens) tummeln sich Delfine, Cuvier-Schnabelwale und kleine Pottwale – mit etwas Glück kann man sogar Blauwale oder Orcas sehen!

LÖSUNG
Interjections : **1.** B, **2.** C, **3.** A, **4.** D, **5.** F, **6.** G, **7.** H, **8.** E/G

51 QUEL FROID !

Une poule sort de son poulailler et rencontre un canard qui sort de l'autre côté de la ferme. Elle lui dit :

> Brr, il fait un froid de canard aujourd'hui ! [1]

> Ne m'en parle pas ! J'ai la chair de poule... [2]

Eine Henne kommt aus ihrem Hühnerstall und trifft auf eine Ente, die (gerade) von der anderen Seite des Bauernhofs nach draußen kommt.
Sie sagt zu ihr:
[1] „Brr, es ist saukalt heute!"
[2] „Aber hallo! Ich habe eine Gänsehaut ..."

Je nach Sprache verwendet man oft unterschiedliche Tiernamen in Redewendungen:
il fait un froid de canard (Ente) – *es ist saukalt/eine Affenkälte*
la chair de poule (Henne) – *die Gänsehaut*
avoir une faim de loup (Wolf) – *einen Bärenhunger haben*
avoir un chat dans la gorge (Katze) – *einen Frosch im Hals haben*

JEUX DE MOTS

AU POULAILLER...

Da wohnen die Hühner. Aber wo wohnen diese anderen Tiere?
Verbinden Sie.

1.	à la bergerie	...... A	les pigeons
2.	au pigeonnier	...... B	les vaches
3.	dans la niche	 C	le chien
4.	dans le terrier	...... D	le lapin
5.	à l'étable	...... E	les chevaux
6.	à l'écurie	...... F	l'oiseau
7.	dans le nid	...... G	les moutons

UN FROID DE CANARD

Diese meist sehr umgangssprachlichen Redewendungen bedeuten, dass es kalt ist, bis auf eine. Welche?
Kreuzen Sie sie an.

- ○ A Ça caille.
- ○ B Le fond de l'air est frais.
- ○ C On se caille les miches.
- ○ D On se les gèle.
- ○ E Il fait frisquet.
- ○ F On se la pète.

LÖSUNG
Au poulailler : **1.** G, **2.** A, **3.** C, **4.** D, **5.** B, **6.** E, **7.** F
Un froid de canard : F *(Wir machen einen auf dicke Hose.)*

52 SPORT FRUITÉ

Quel est le sport « le plus fruité » ?
– « La boxe ! Tu te prends des marrons, des châtaignes et des pêches en pleine poire, tu tombes dans les pommes, l'arbitre ramène sa fraise et tout ça pour des prunes ! »

Welche Sportart ist „die Fruchtigste"?
– „Boxen!
Du kriegst Schläge, Fausthiebe und Haue voll in die Birne, du fällst in Ohnmacht, der Ringrichter mischt sich ein und das alles für nichts und wieder nichts!"

Im Französischen gibt es viele umgangssprachliche Wörter und Redewendungen mit Obstnamen, daher auch die Wortspiele im Witz:
le marron/la châtaigne = *Marone/Kastanie, aber auch Fausthieb, Faustschlag*
la pêche = *Pfirsich, aber auch Schlag*
la poire = *Birne, umgangssprachlich für Gesicht*
tomber dans les pommes = *in Ohnmacht fallen* (wörtlich: in die Äpfel fallen)
ramener sa fraise = *sich einmischen* (wörtlich: seine Erdbeere zurückbringen)
pour des prunes = *für nichts und wieder nichts* (wörtlich: für Pflaumen)

JEUX DE MOTS

ACTIVITÉS SPORTIVES

Um welche Sportarten handelt es sich hier? Ergänzen Sie die Lücken mit den passenden Bezeichnungen.

1. le _ _ _ _ _ _ _ _
2. la _ _ _ _ _ _ _ _
3. la _ _ _ _ _ _ _ _ _ _
4. l' _ _ _ _ _ _ _ _ _ _
5. le _ _ _ _ _' _ _ _
6. l' _ _ _ _ _ _ _

Weder Fußball noch Rugby sind die Lieblingssportarten der Franzosen, **la randonnée** – *Wandern* ist überraschenderweise die Nummer eins!

LÖSUNG
Activités sportives : **1.** le cyclisme, **2.** la natation, **3.** la musculation, **4.** l'équitation, **5.** le tir à l'arc, **6.** l'escrime

53 ÉPELLE-MOI...

Un après-midi, le professeur demande à Arno qui est assis au fond de la classe :
– « Arno, est-ce que tu peux m'épeler le mot *poule* ? »
– « Oui, M'sieur, c'est super facile ! »
Le prof est un peu étonné mais donne une chance à son élève :
– « Vas-y alors, je t'écoute ! »
– « P-O-U-L-L-E ! »
– « Mais enfin, Arno, pourquoi mets-tu deux L (= ailes) au mot *poule* ? »
– « Mais M'sieur, parce que sinon elle ne peut pas voler... »

Eines Nachmittags fragt der Lehrer Arno, der ganz hinten im Klassenzimmer sitzt:
– „Arno, kannst du mir das Wort *poule* (Huhn) buchstabieren?"
– „Klar, Herr Lehrer, das ist super leicht!"
Der Lehrer ist etwas verwundert, gibt aber seinem Schüler eine Chance:
– „Gut, dann leg los, ich höre!"
– „P-O-U-L-L-E!"
– „Aber Arno, warum schreibst du das Wort *poule* mit zwei L (Flügeln)?"
– „Aber Herr Lehrer, weil es sonst nicht fliegen kann ..."

JEUX DE MOTS

TRAIT D'UNION

Im Französischen kommt der Bindestrich oft in bestimmten Wörtern und festen Wendungen (**l'après-midi, est-ce que**), zwischen Verb und Pronomen bei Fragen (**Pourquoi mets-tu ?**) oder beim Imperativ (**Épelle-moi., Vas-y.**) vor. Übersetzen Sie die folgenden Sätze, indem Sie einen dieser Fälle mit Bindestrich verwenden.

1. Lies mir den Text vor!

2. Er hat einen Termin mit seinem Lehrer.

3. Wohin gehst du?

4. Der Unterricht beginnt in einer halben Stunde.

Die Rechtschreibung ist ein Hobby für viele Franzosen: Mehrmals im Jahr gibt es Diktat-Wettbewerbe im Land und auch im Fernsehen kommen viele Sendungen, mit denen man seine Orthographie-Kenntnisse testen kann. Das ist übrigens auch in anderen französischsprachigen Ländern so, wie in Belgien, der Schweiz oder in Quebec.

LÖSUNG
Trait d'union : **1.** Lis-moi le texte (à haute voix) ! **2.** Il a (un) rendez-vous avec son professeur. **3.** Où tu vas ?/ Où vas-tu ?/ Où est-ce que tu vas ? **4.** Le cours commence dans une demi-heure.

54 TERRE OU MER

Une mère dit à son fils :

> N'oublie pas que nous sommes sur terre pour travailler ![1]

> Bon, alors moi, plus tard, je serai marin ![2]

Eine Mutter sagt zu ihrem Sohn:
1 „Vergiss nicht, dass wir zum Arbeiten auf der Erde sind!"
2 „Ach so, na dann werde ich später Seemann!"

55 FONCTIONNAIRE

Qu'est-ce qu'un fonctionnaire qui travaille une demi-heure par jour ?
– « Un hyperactif ! »

Was ist ein Beamter, der eine halbe Stunde pro Tag arbeitet?
– „Ein Hyperaktiver!"

AU TRAVAIL

LA MARINE

Was hat nichts mit dem Meer zu tun? Kreuzen Sie an.

- ○ **A** un bateau de pêche
- ○ **B** un port
- ○ **C** une voile
- ○ **D** une moto
- ○ **E** un capitaine
- ○ **F** l'océan

FONCTIONNAIRE

Diese Berufe haben oft den Beamtenstatus. Was sind aber ihre jeweiligen Aufgaben? Verbinden Sie.

1. un instituteur	....	**A**	Il travaille par exemple à la mairie.
2. un policier	....	**B**	Il donne des cours aux élèves.
3. un infirmier	....	**C**	Il fait respecter la loi et protège les gens.
4. un employé de l'administration	....	**D**	Il soigne les malades.

LÖSUNG
La marine : D
Fonctionnaire : 1. B, 2. C, 3. D, 4. A

56 BONNES AFFAIRES ★

Un fils de banquier dit à son père :

Papa, prête-moi vingt euros, s'il te plaît, mais ne m'en donne que dix.[1]

Pourquoi, mon garçon ?[2]

Comme ça, je te devrai dix euros, toi, tu m'en devras dix aussi et on sera quitte.[3]

Ein Bankierssohn sagt zu seinem Vater:
1 „Papa, leih mir bitte zwanzig Euro, aber gib mir nur zehn!"
2 „Warum das denn, mein Junge?"
3 „So schulde ich dir zehn Euro, du mir auch zehn, und wir sind dann quitt."

Der kleine Junge hat *ein gutes Geschäft gemacht!* Auf Französisch heißt es **faire de bonnes affaires.**

AU TRAVAIL

QUESTION D'ARGENT

Finden Sie neun Wörter, die mit Geld zu tun haben, in der Buchstabenschlange.

LOAFFAIRESOARGENTXLZBANQUELUPRÊTERZOQUITTEPINCOMPTELUZMONNAIELUEUROOUPAYER

Les neuf mots : ....

QUE DE CHIFFRES !

Wissen Sie, welche Zahlen sich hier verbergen?
Ergänzen Sie die Lücke mit der entsprechenden Zahl.

1. vingt ....
2. dix ....
3. trente-cinq ....
4. soixante ....
5. quatre-vingt-deux ....
6. soixante-treize ....
7. cent ....
8. quatre-vingt-onze ....

LÖSUNG
Question d'argent : affaires, argent, banque, prêter, quitte, compte, monnaie, euro, payer
Que de chiffres ! : **1.** 20, **2.** 10, **3.** 35, **4.** 60, **5.** 82, **6.** 73, **7.** 100, **8.** 91

57 MAUVAIS TRAIN

Dans le train, la contrôleuse dit à une vieille dame :
– « Madame, je suis désolée mais votre billet est pour Bordeaux. Or ce train est à destination de Nantes ! »
– « C'est ennuyeux », répond la voyageuse. « Et ça lui arrive souvent, au conducteur, de se tromper comme ça ? »

Im Zug sagt die Schaffnerin zu einer alten Dame:
– „Madame, es tut mir leid aber Ihre Fahrkarte geht nach Bordeaux. Dieser Zug fährt aber nach Nantes!"
– „Oh, das ist ärgerlich", antwortet die Reisende. „Und passiert es dem Zugführer öfter, dass er sich so verfährt?"

PRENDRE LE TRAIN

la gare
Bahnhof

la voie
Gleis

changer de train
umsteigen

le billet (de train)
(Zug)fahrkarte

le quai
Bahnsteig

AU TRAVAIL

JE SUIS DÉSOLÉE

Welche dieser Floskeln drückt eine Entschuldigung aus, welche nicht? Kreuzen Sie an.

	OUI	NON
1. Je suis vraiment désolée.	○	○
2. C'est dommage.	○	○
3. Je regrette vraiment.	○	○
4. Excusez-moi, s'il vous plaît.	○	○
5. Oh, pardon !	○	○
6. Attention, enfin !	○	○
7. Je m'excuse de mon retard !	○	○

SE TROMPER

Kreuzen Sie an, wie Sie in den folgenden Situationen reagieren können.

1. Je crois que je me suis trompé de quai.
   - ○ **A** Oui, votre train part de la voie numéro 3.
   - ○ **B** Le bar se trouve en voiture 19.

2. Il y a une erreur, c'est ma place !
   - ○ **A** Attendez, je vous aide à porter votre valise !
   - ○ **B** Désolée, c'est moi qui ai réservé cette place-là !

LÖSUNG
Je suis désolée : Oui : 1. 3. 4. 5. 7. Non : 2. 6.
Se tromper : 1. A, 2. B

58 À LA MAIRIE

Un homme est à la mairie car il a besoin d'une nouvelle carte d'identité. Il s'énerve car il en a vraiment marre d'attendre :

> Mais enfin, Madame, voilà une demi-heure que je suis devant votre guichet ![1]

> Et alors, moi ça fait bien quinze ans que je suis derrière ![2]

Ein Mann ist im Rathaus, weil er einen neuen Personalausweis braucht. Er regt sich auf, denn er hat es wirklich satt, zu warten.
1 „Also, gute Frau, ich stehe nun seit einer halben Stunde vor Ihrem Schalter!"
2 „Na und, ich selbst bin seit fünfzehn Jahren dahinter!"

> In Frankreich arbeiten ca. 20% der Angestellten im *öffentlichen Dienst*, **dans la fonction publique**.

AU TRAVAIL

PAPIERS

Kennen Sie sich mit offiziellen Dokumenten aus?
Was braucht man wofür? Verbinden Sie.

1.	la carte d'identité	......A	pour voyager dans un pays étranger hors de l'Europe
2.	le passeport	......B	pour montrer qui on est
3.	le permis de conduire	C	pour prouver où on est né
4.	la carte vitale	......D	pour montrer qu'on a le droit d'être au volant d'une voiture
5.	l'acte de naissance	......E	pour aller chez le médecin

EN AVOIR MARRE

Es gibt viele Redewendungen, um zu sagen, dass man es satt hat, zum Beispiel:
Ça commence à bien faire ! –
Es reicht langsam!
Wollen Sie ausdrücken, dass Sie die *Nase voll haben*? Dann können Sie Folgendes sagen: **J'en ai ras le bol !** (wörtlich: Ich habe die Schale voll!), **J'en ai ras la casquette !** (wörtlich: Ich habe die Mütze voll!) oder **J'en ai plein le dos !** (wörtlich: Ich habe den Rücken voll!).

LÖSUNG
Papiers : 1. B, 2. A, 3. D, 4. E, 5. C

59 EN TAXI

Un homme vient d'arriver en taxi à sa destination.
– « Ça fait 105 euros », dit le chauffeur de taxi à son client.
– « Pourriez-vous reculer un peu, s'il vous plaît ? Je n'ai qu'un billet de 100 euros sur moi ! »

Ein Mann im Taxi hat gerade sein Ziel erreicht.
– „Das macht 105 Euro", sagt der Taxifahrer zu seinem Kunden.
– „Könnten Sie etwas zurückfahren, bitte? Ich habe nur einen Hundert-Euro-Schein bei mir."

In Paris gibt es mehr als 16.600 Taxis, was nicht immer heißt, dass es leicht ist, eins zu bekommen. Legale Taxis sind am Schild **Taxi parisien** auf dem Dach zu erkennen. Unter dem Schild sind drei kleine Lichter zu sehen. Diese informieren die Kunden über die aktuelle Preiskategorie, die je nach Wochentag oder Tageszeit variieren kann: weiß (Kategorie A), gelb (Kategorie B) und blau (Kategorie C). Die letzte Kategorie ist die teuerste.

AU TRAVAIL

MOUVEMENTS

Tragen Sie die konjugierte Form im Präsens des durcheinandergeratenen Verbs ein.

1. Il n' .... pas, celui-ci ! Allez, dépêche-toi ! **(ACERANV)**
2. Ce n'est pas la bonne route, je .... **(FARIE MIED-RTUO)**
3. Mais qu'est-ce qu'il fait ? Pourquoi est-ce qu'il .... ? **(RREEUCL)**

DANS LE TAXI

Der Dialog ist durcheinandergeraten. Bringen Sie die Sätze in die richtige Reihenfolge.

1. Bonjour, où allez-vous ?
2. Oh, super, mon train est à 15h30.
3. Bonjour, Gare de Lyon, s'il vous plaît ! Ça prend combien de temps pour y aller ?
4. Nous voilà arrivés, ça vous fera 55 euros.
5. Ben, si ça roule bien, une demi-heure.
6. Merci, et bon voyage !
7. Oh, déjà ? Tenez, gardez la monnaie.

Richtige Reihenfolge: ....

LÖSUNG
Mouvements : **1.** avance, **2.** fais demi-tour, **3.** recule
Dans le taxi : **1. 3. 5. 2. 4. 7. 6.**

60 LA TOILE

– « Je vais acheter cette toile ! » dit le client au peintre.
– « C'est une véritable affaire, Monsieur... J'y ai passé plus de dix ans de ma vie ! »
– « Dix ans ? Quel travail ! »
– « Oui : deux jours pour la peindre et le reste pour enfin réussir à la vendre ! »

- „Ich werde dieses Gemälde kaufen!", sagt der Kunde zum Maler.
- „Es ist ein echtes Schnäppchen, Monsieur ... Ich habe mehr als zehn Jahre meines Lebens damit zugebracht!"
- „Zehn Jahre? Was für eine Arbeit!"
- „Ja: zwei Tage, um es zu malen und den Rest, um es endlich verkaufen zu können!"

PEINTURE

la peinture
Farbe; Malerei

le/la peintre
Maler(in)

le tableau
Gemälde; Bild

la toile
(Gemälde auf) Leinwand

le pinceau
Pinsel

PEINTRES FRANÇAIS

Finden Sie acht berühmte französische Maler im Buchstabengitter und kreisen Sie sie ein.

R	M	O	N	E	T	R	T	T	D
E	A	A	D	É	J	À	O	G	E
N	N	C	É	Z	A	N	N	E	L
C	J	A	M	A	I	S	J	G	A
M	A	T	I	S	S	E	O	É	C
A	R	E	N	O	I	R	U	R	R
N	N	K	N	T	L	D	R	I	O
E	E	N	M	A	O	E	T	C	I
T	A	B	È	R	D	U	N	A	X
M	G	A	U	G	U	I	N	U	I
A	V	Z	N	T	A	P	R	L	S
U	W	H	N	V	O	I	R	T	E

Wer sich für die Malerei interessiert, sollte den **Louvre** in Paris besichtigen. Mit etwa 10 Millionen Besuchern im Jahr und einer riesigen Ausstellungsfläche ist es das drittgrößte Museum der Welt!

LÖSUNG
Peintres français : *Waagerecht*: Monet, Cézanne, Matisse, Renoir, Gauguin
Senkrecht: Manet, Géricault, Delacroix

61 LA SECRÉTAIRE

Une secrétaire se plaint auprès de son patron :

> Mon salaire n'est pas du tout en rapport avec mes capacités ![1]

> Mais Mademoiselle, je ne vais tout de même pas vous laisser mourir de faim ![2]

Eine Sekretärin beschwert sich bei ihrem Chef:
1 „Mein Gehalt entspricht überhaupt nicht meinen Fähigkeiten!"
2 „Aber liebes Fräulein, ich werde Sie doch nicht verhungern lassen!"

Nützliche Ausdrücke sind:
toucher un salaire – *einen Lohn/ein Gehalt beziehen*
und **gagner sa vie** – *seinen Lebensunterhalt verdienen*.
Oder umgangssprachlich:
toucher sa paye – *seinen Lohn/sein Gehalt kriegen*
und **gagner son pain** – *seine Brötchen verdienen*.

Für den *Chef* bzw. die *Chefin* verwendet man auf Französisch in der gesprochenen Sprache **le patron, la patronne**, aber auch **le/la chef** oder einfach nur **le boss**. Offiziell spricht man von **le/la supérieur(e) hiérarchique**.

AU TRAVAIL

AU BUREAU

le télétravail
Telearbeit, Homeoffice

la réunion
Meeting, Besprechung

le travail à domicile
Heimarbeit, Homeoffice

le/la collègue
Kollege/Kollegin

EN RÉUNION

Der Dialog zwischen Chefin und Assistentin ist durcheinandergeraten. Verbinden Sie die passenden Fragen und Antworten.

1.	Nous sommes dans quelle salle à 10 heures ?	.... A	Oui, ils nous apporteront des snacks.
2.	Vous avez pensé à la pause de 14 heures ?	.... B	Monsieur Gérard, mais il ne m'a rien envoyé.
3.	Qui est le premier à présenter ?	 C	Le premier mardi du mois, je sais !
4.	La technique est en état de marche ?	.... D	B42, c'est dans l'autre bâtiment.
5.	Vous tenez le protocole comme toujours ?	.... E	Oui, j'ai testé le projecteur et la clim fonctionne aussi.
6.	Et pensez à réinviter pour le mois prochain !	.... F	Évidemment et je vous mets en copie.

LÖSUNG
En réunion : 1. D, 2. A, 3. B, 4. E, 5. F, 6. C

62 LES CHAUSSURES

En triant leurs papiers, Marcel et sa femme retrouvent le ticket d'un cordonnier. Ce ticket date de plus de dix ans ! Ils éclatent de rire et se demandent de quelles chaussures il peut bien s'agir et surtout ce qu'elles sont devenues après tout ce temps.
Par curiosité, Marcel retourne au magasin et donne son ticket au cordonnier. Celui-ci part dans son arrière-boutique, en revient aussitôt avec une paire de chaussures aux talons abîmés et déclare :
– « Revenez jeudi, elles seront prêtes… J'ai eu trop à faire ces derniers temps ! »

Als Marcel und seine Frau ihre Unterlagen sortieren, finden sie den Abholschein eines Schusters wieder. Dieser Abholschein ist mehr als zehn Jahre alt! Sie brechen in Lachen aus und fragen sich, um welche Schuhe es sich wohl handeln kann und, vor allem, was nach der langen Zeit aus ihnen geworden ist. Aus Neugierde geht Marcel zum Geschäft zurück und gibt dem Schuster seinen Abholschein ab. Dieser geht in sein Hinterzimmer, kommt prompt mit einem Paar Schuhe mit kaputten Absätzen zurück und erklärt:
– „Kommen Sie am Donnerstag wieder, dann werden sie fertig sein … Ich hatte in letzter Zeit zu viel zu tun!"

AU TRAVAIL

OUTILS

Welche Werkzeuge sind hier abgebildet? Tragen Sie sie ein.

1 le m..........

2 la t..........

3 la s..........

4 le t..........

5 la p..........

6 la p..........

7 le p..........

8 la c..........

LÖSUNG
Outils : **1.** le marteau, **2.** la truelle, **3.** la scie, **4.** le tournevis, **5.** la perceuse, **6.** la pelle, **7.** le pinceau, **8.** la clé à molette

63 SAISONS BRETONNES ★

Combien y a-t-il de saisons en Bretagne ?
– « Deux ! La grande saison des petites pluies et la petite saison des grandes pluies ! »

Wie viele Jahreszeiten gibt es in der Bretagne?
– „Zwei! Die lange Jahreszeit der kleinen Regenschauer und die kurze Jahreszeit der großen Regenschauer!"

64 POURQUOI LA PLUIE ? ★

Dans sa bonté infinie, Dieu a donné la pluie aux Bretons pour qu'ils aient pour toujours un sujet de conversation !

In seiner unendlichen Güte hat Gott den Bretonen den Regen gegeben, damit sie für immer ein Gesprächsthema haben!

STÉRÉOTYPES

UN TEMPS DE CHIEN

Welche Redewendungen drücken eher schönes Wetter aus, welche eher schlechtes Wetter? Kreuzen Sie sie an.

	BEAU TEMPS	MAUVAIS TEMPS
1. Il pleut des cordes.	○	○
2. Il fait un temps superbe.	○	○
3. Quelle chaleur !	○	○
4. Le ciel est tout couvert.	○	○
5. Quel froid de canard !	○	○
6. Il y a un vent incroyable !	○	○
7. Le ciel est complètement dégagé.	○	○

PARLER DU TEMPS

Das Wetter ist ein sehr beliebtes Gesprächsthema. Welche Wörter haben mit dem Wetter zu tun? Kreuzen Sie sie an.

- ○ A la météo
- ○ B le soleil
- ○ C la côte
- ○ D la mer
- ○ E l'orage
- ○ F la tempête

Das Wort **le temps** bedeutet im Deutschen sowohl *das Wetter* als auch *die Zeit*!

LÖSUNG
Un temps de chien : Beau temps : 2, 3, 7. Mauvais temps : 1, 4, 5, 6.
Parler du temps : A, B, E, F

65 MARIAGE BELGE

C'est un Belge qui va voir sa fiancée et qui lui dit :
– « Tu sais, je ne peux pas t'épouser car chez nous, on se marie en famille : mon père a épousé ma mère et mon grand-père s'est marié avec ma grand-mère ! »

Ein Belgier geht zu seiner Verlobten und sagt zu ihr:
– „Weißt du, ich kann dich nicht heiraten, denn bei uns wird innerhalb der Familie geheiratet: Mein Vater hat meine Mutter geheiratet und mein Großvater hat meine Großmutter geheiratet!"

Wie auch immer man es finden mag, Tatsache ist, die Franzosen machen sich gerne mal über ihre Nachbarn aus Belgien oder aus der Schweiz lustig und inszenieren sie oft in komischen Situationen. Im Fall der Belgier gibt es sogar einen festen Begriff dafür: **les histoires belges** – ähnlich wie der Begriff der Ostfriesenwitze in Deutschland. Solche Witze sind natürlich immer mit Augenzwickern zu verstehen, alles nur Klischees! Meist werden sie auch erzählt, indem man den Akzent des jeweiligen Landes imitiert!

AU MARIAGE

la robe de mariée

le costume de marié

le couple de mariés

les alliances des mariés

le gâteau de mariage

le voyage de noces

EN WALLONIE

Die wallonische Region ist eine von drei Regionen in Belgien. Was wissen Sie darüber? Kreuzen Sie an.

1. En Wallonie,
   - A on parle français et allemand.
   - B on parle flamand.

2. La capitale de la Wallonie est
   - A Bruxelles.
   - B Namur.

LÖSUNG
En Wallonie : 1. A, 2. B

66 BALADE EN SUISSE ★

Deux Suisses se promènent en forêt. Tout à coup,
il y en a un qui se retourne et qui écrase un escargot :
– « Il m'énervait, celui-là ! Ça fait une demi-heure
qu'il nous suivait ! »

Zwei Schweizer gehen im Wald spazieren. Plötzlich dreht sich
einer der beiden um und zertritt eine Schnecke:
– „Sie ging mir vielleicht auf die Nerven!
Seit einer halben Stunde ist sie uns (nun) gefolgt!"

Zurück zu den Klischees: In Frankreich werden die Schweizer oft für ihre angebliche Langsamkeit belächelt – wie auch in diesem Schneckenwitz! Apropos Schnecke, sie kommt auch in einem berühmten Kinderlied vor: **Une souris verte, qui courait dans l'herbe, je l'attrape par la queue, je la montre à ces messieurs, ces messieurs me disent : trempez-la dans l'huile, trempez-la dans l'eau, ça fera un escargot tout chaud !** *Eine grüne Maus, die im Gras rannte ... Ich fange sie am Schwanz, zeige sie diesen Herren, diese Herren sagen mir: Tauchen Sie sie ins Öl, tauchen Sie sie ins Wasser, dann wird daraus eine ganz heiße Schnecke!*

STÉRÉOTYPES

EN FORÊT

Finden Sie zum Thema Wald die neun französischen Begriffe für *Tanne, Weg, Hirschkuh, Baum, Igel, Pilz, Wanderung, Blatt, Bank* im Buchstabengitter und kreisen Sie sie ein.

S	A	P	I	N	R	W	E	B	L	O
E	C	T	K	M	A	M	J	A	I	T
C	H	E	M	I	N	O	C	N	S	S
S	A	N	E	A	D	A	F	C	Y	R
I	M	O	C	H	O	M	E	N	T	E
R	P	R	E	T	N	O	U	V	C	M
R	I	D	E	A	N	B	I	C	H	E
E	G	Q	U	I	É	L	L	E	U	K
S	N	I	E	A	E	N	L	Z	N	O
E	O	J	A	R	B	R	E	G	E	T
T	N	H	É	R	I	S	S	O	N	O

In der Schweiz zieht sich der **Risoux** als größte zusammenhängende Waldfläche Europas über die gesamte Westseite des **Vallée du Joux**. Er bildet so die natürliche Grenze zu Frankreich. Der größte angelegte Wald Westeuropas befindet sich übrigens im Südwesten Frankreichs mit einer Gesamtfläche von ca. 1 Million Hektar: **la forêt des Landes**.

LÖSUNG
En forêt: *Waagerecht:* sapin, chemin, biche, arbre, hérisson
Senkrecht: champignon, randonnée, feuille, banc

67 DANS LE MIROIR ★★

Une blonde se regarde dans un miroir :
– « Hum… Ce visage m'a l'air familier… Où ai-je bien pu le voir avant ? Ah, mais oui ! C'est la femme qui me regardait chez le coiffeur l'autre jour ! »

Eine Blondine schaut sich im Spiegel an:
– „Hm … Dieses Gesicht kommt mir bekannt vor … Wo kann ich es vorher nur gesehen haben? Ach ja! Das ist die Frau, die mich letztens beim Friseur angeguckt hat!"

Blondinenwitze gibt es auch in Frankreich! **Et alors ?** – *Was soll's!*

In der Umgangssprache spricht man auch von **se regarder dans la glace** anstelle von **dans le miroir**. Da geht es nicht um ein Eis, sondern tatsächlich um einen Spiegel! Deshalb heißt übrigens auch *der Spiegelsaal* im Schloss von Versailles **la galerie des Glaces**!

STÉRÉOTYPES

SOINS DE BEAUTÉ

Kennen Sie sich mit Beauty aus? Welche Verben passen zu den Bildern? Tragen Sie sie ein.

1. se ....
2. se ....
3. se .... les cheveux
4. se .... les ongles
5. se ....
6. se ....

Wussten Sie, dass der deutsche *Kulturbeutel* auf Französisch nichts mit Kultur zu tun hat? Es heißt einfach **la trousse de toilette** oder **le vanity**.

LÖSUNG
Soins de beauté : **1.** se raser, **2.** se maquiller, **3.** se sécher les cheveux, **4.** se vernir/se faire les ongles, **5.** se brosser/se laver les dents, **6.** se parfumer

68 DEUX BLONDES

Deux blondes se promènent à la campagne. L'une d'elles dit :

Oh, quels beaux chevals !¹

Mais ce sont des chevaux !²

Ah bon ? Pourtant on aurait bien dit des chevals !³

Zwei Blondinen gehen auf dem Land spazieren. Eine von beiden sagt:
1 „Oh, was für schöne Pferde!"
(Mehrzahl von „cheval" wird falsch gebildet.)
2 „Aber es sind Pferde!"
(Mehrzahl wird korrigiert.)
3 „Ach echt? Sie sahen aber wirklich wie Pferde aus!"
(Mehrzahl wieder falsch gebildet.)

Wussten Sie, dass **une blonde** nicht nur *eine blonde Frau* bzw. *eine Blondine* ist, sondern auch *ein helles Bier*, ein kühles Blondes sozusagen? Wenn Sie ein Helles vom Fass bestellen möchten, sagen Sie:
Une blonde pression, s'il vous plaît !

STÉRÉOTYPES

PLURIEL DES NOMS EN -AL

Die meisten Nomen auf **-al** bilden die Mehrzahl mit der Endung **-aux**. Dennoch gibt es ein paar Ausnahmen, die mit **-als** enden. Ergänzen Sie die Lücken.

1. Le dimanche, elle va voir ses .... (*cheval*)
2. J'adore les .... de musique bretonne. (*festival*)
3. Tu es allée acheter les ....? (*journal*)
4. Le 14 juillet, dans toute la France, il y a des .... avant le feu d'artifice. (*bal*)
5. Ces tableaux de Matisse, dans ton salon, ce sont des ....? (*original*)

À CHEVAL

Was bedeuten diese Redewendungen mit dem Wort **cheval**? Verbinden Sie.

1.	ne pas être un mauvais cheval	....A	aufs falsche Pferd setzen
2.	être à cheval sur les principes	....B	kein schlechter Bursche sein
3.	miser sur le mauvais cheval	C	sich aufregen
4.	monter sur ses grands chevaux	....D	sehr streng sein

LÖSUNG
Pluriel des noms en -al : **1.** chevaux, **2.** festivals, **3.** journaux, **4.** bals, **5.** originaux
À cheval : **1.** B, **2.** D, **3.** A, **4.** C

69 UN COUP D'EAU

Pourquoi est-ce que les blondes ont toujours un verre vide et un verre plein sur leur table de chevet ?
– « Parce qu'un coup, elles ont soif, un coup, elles n'ont pas soif ! »

Warum haben Blondinen immer ein leeres Glas und ein volles Glas auf ihrem Nachttisch stehen?
– „Weil sie einmal Durst und einmal keinen Durst haben!"

Das Wort **coup** bedeutet ursprünglich *Schlag*, hat aber auch viele andere Bedeutungen. In der Umgangssprache sagt man auch **boire un coup**, was *etwas (zusammen) trinken* bedeutet.

DES COUPS

un coup..., un coup...
einmal ..., einmal ...

du coup
dann, also; daraufhin

tout à coup/
tout d'un coup
plötzlich

d'un seul coup
auf einmal

STÉRÉOTYPES

ET ENCORE DES COUPS

Das Wort coup wird in weiteren zahlreichen Wendungen verwendet. Tragen Sie das fehlende Wort in die Lücke ein.

1. Je suis tout rouge, j'ai attrapé un coup de ....
2. J'ai besoin d'une information, je vais lui passer un coup de ....
3. Ils se sont aimés dès qu'ils se sont rencontrés ! Ils ont eu le coup de ....
4. Il y a de l'orage, je viens d'entendre un coup de ....
5. J'ai eu un coup de .... pour ces chaussures en cuir blanc !
6. J'ai besoin d'aide, tu peux me donner un coup de .... ?
7. Attends, je ne sais pas si j'en ai encore, laisse-moi jeter un coup d'................. .
8. Il a tout quitté sur un coup de ....
9. Ma copine vient de passer en coup de .... chez nous.

LÖSUNG
Et encore des coups : **1.** soleil, **2.** téléphone/fil, **3.** foudre, **4.** tonnerre, **5.** cœur, **6.** main, **7.** œil, **8.** tête, **9.** vent

70 À LA LAVERIE

Une blonde est à la laverie automatique. Elle découpe sa jupe à carreaux en petits morceaux. Une autre blonde lui dit :

> Mais pourquoi est-ce que tu découpes ta jupe ?[1]

> Regarde le panneau ! C'est marqué : « Veuillez séparer les couleurs ».[2]

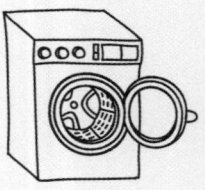

Eine Blondine ist im Waschsalon. Sie zerschneidet gerade ihren karierten Rock in kleine Stücke. Eine andere Blondine sagt zu ihr:
1 „Aber warum zerschneidest du deinen Rock?"
2 „Schau dir das Schild an! Da steht: 'Bitte nach Farben trennen'."

À LA MACHINE À LAVER

le lavage
Waschen

le linge
Wäsche

la lessive
Waschmittel;
Waschgang

l'épingle (f.) à linge
Wäscheklammer

le fil à linge
Wäscheleine

MOTIFS ET IMPRIMÉS

Was hat nichts mit Mustern zu tun?
Kreuzen Sie an.

○ A à pois
○ B à linge
○ C à carreaux
○ D à laver
○ E à rayures
○ F à fleurs

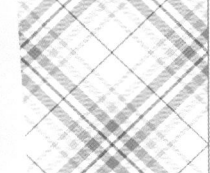

VEUILLEZ...

Floskeln mit **Veuillez...** (Imperativ von **vouloir**) werden oft verwendet, um jemanden höflich um etwas zu bitten. Verbinden Sie die folgenden Bitten mit den dazu passenden Situationen.

1. Veuillez patienter.	.... A	quand on doit inscrire des informations dans un formulaire
2. Veuillez prendre place.	.... B	quand on peut s'asseoir
3. Veuillez avancer.	 C	quand on doit se taire
4. Veuillez remplir la feuille.	.... D	quand on doit aller plus loin
5. Veuillez rester silencieux.	.... E	quand on doit attendre

LÖSUNG
Motifs et imprimés : B, D
Veuillez... : **1.** E, **2.** B, **3.** D, **4.** A, **5.** C

71 AU CINÉMA

Un Belge va au cinéma, il achète son billet à la caisse et entre dans la salle. Une minute plus tard, il revient et en achète un autre. Puis quelques minutes après, il revient et redemande encore un autre billet.
– « Je ne comprends pas », dit la caissière. « Je vous en ai déjà vendu deux ! »
– « Je sais », répond le Belge, « mais chaque fois que j'entre dans la salle, il y a un gars qui me le déchire ! »

Ein Belgier geht ins Kino, kauft seine Eintrittskarte an der Kasse und betritt den Kinosaal. Eine Minute später kommt er zurück und kauft wieder eine. Ein paar Minuten später kommt er wieder und fragt erneut nach einer Karte.
– „Ich verstehe nicht", sagt die Kassiererin. „Ich habe Ihnen doch schon zwei verkauft!"
– „Ich weiß", antwortet der Belgier, „aber jedes Mal, wenn ich in den Kinosaal komme, zerreißt da so ein Kerl meine Karte!"

STÉRÉOTYPES

SILENCE, ON TOURNE !

Welcher Begriff hat nichts mit Kino zu tun? Kreuzen Sie an.

- A l'arrière-plan
- B le court-métrage
- C le pré
- D le gros-plan
- E la prise
- F le champ

LE PRONOM EN

Das Pronomen **en** wird verwendet, um ein Nomen zu ersetzen, dem **du, de la, de l', des** oder eine genaue Mengenangabe vorausgeht. Es ersetzt auch nach einem Verb eine Ergänzung, die mit **de** eingeführt wurde (**venir de, se souvenir de, parler de**, etc.). Übersetzen Sie diese Sätze ins Französische und benutzen Sie dabei feste Ausdrücke mit dem Pronomen **en**.

1. Ich gehe. ....
2. Mir reicht's. .... (ugs.)
3. Ich kann nicht mehr. ....
4. Mach dir keine Gedanken. ....
5. Es ist mir (total) egal. .... (ugs.)

LÖSUNG
Silence, on tourne ! : C
Pronom en : **1.** Je m'en vais. **2.** J'en ai marre/ras le bol. **3.** Je n'en peux plus. **4.** Ne t'en fais pas. **5.** Je m'en fous/fiche.

72 UN SUISSE À L'HÔTEL ★★★

Un Suisse descend de sa chambre d'hôtel et réveille le réceptionniste :
– « Puis-je avoir un verre d'eau, s'il vous plaît ? »
Le réceptionniste lui donne son verre d'eau et retourne se coucher. Quinze minutes plus tard, le même client redescend et redemande un verre d'eau. Le réceptionniste, un peu énervé, lui redonne un verre d'eau et fonce se recoucher. Et le stratagème continue comme ça pendant une heure ! Le réceptionniste fulmine désormais :
– « Mais qu'est-ce que vous avez bien pu pouvoir manger pour avoir aussi soif ? »
– « J'ai pas soif, il y a le feu dans ma chambre ! »

Ein Schweizer geht aus seinem Hotelzimmer hinunter und weckt den Rezeptionisten:
– „Kann ich bitte ein Glas Wasser haben?"
Der Rezeptionist gibt ihm sein Glas Wasser und geht wieder ins Bett. Fünfzehn Minuten später kommt der gleiche Gast noch einmal und fragt wieder nach einem Glas Wasser. Der Rezeptionist, leicht genervt, gibt ihm wieder ein Glas Wasser und geht schnell wieder schlafen. Und so wiederholt sich die ganze Aktion eine Stunde lang!
Der Rezeptionist ist jetzt außer sich vor Wut:
– „(Aber) was können Sie denn (bloß) gegessen haben, dass Sie so einen Durst haben?"
– „Ich habe keinen Durst, (aber) mein Zimmer brennt!"

STÉRÉOTYPES

À L'HÔTEL

Was macht ein Rezeptionist in der Regel im Hotel?
Kreuzen Sie an, ob die Tätigkeiten richtig oder falsch sind.

	VRAI	FAUX
1. décrire et situer l'hôtel au téléphone	●	●
2. expliquer les tarifs et informer sur les attractions régionales	●	●
3. faire la comptabilité de l'hôtel	●	●
4. gérer les plaintes et les réclamations	●	●
5. traiter des demandes particulières des clients	●	●
6. porter les bagages dans les chambres	●	●
7. assurer le service complet à la clientèle	●	●

AU FEU !

Finden Sie die sieben Wörter rund um die Feuerwehr in der Buchstabenschlange.

IKINCENDIEOKPOMPIERLOCASERNEOIEXTINCTEURLIBRÛLEROIFEXOUBRANCARDLOCANADAIROZ

Vocabulaire du feu : ....

LÖSUNG
À l'hôtel : Vrai : **1. 2. 4. 5. 7.** Faux : **3. 6.**
Au feu ! : incendie, pompier, caserne, extincteur, brûler, brancard, canadair®

133

73 SUR L'AUTOROUTE

Une blonde est dans sa voiture et elle entend un flash trafic à la radio :

> Attention ! Une femme roule en sens inverse sur l'autoroute A10 ![1]

> Pff, ils sont vraiment nuls ! Une femme ? Y en a des centaines qui roulent en sens inverse ![2]

Eine Blondine sitzt in ihrem Auto und hört eine Verkehrsmeldung im Radio:
1 „Vorsicht auf der A10 kommt Ihnen eine Falschfahrerin entgegen!"
2 „Also, sie haben sie doch nicht alle! Eine? Es sind Hunderte von Falschfahrern unterwegs!"

In den *Sommerferien*, **les grandes vacances**, ist auch auf den französischen Autobahnen sehr viel los! Man spricht vom berühmten **chassé-croisé** *(Kommen und Gehen)*, wenn die Juli-Urlauber zurück nach Hause fahren, während die August-Urlauber gerade in den Urlaub fahren wollen. Dann sind die Straßen in beiden Richtungen voll und die Samstage werden vom Verkehrsdienst als **rouge** (sehr voll) oder **noir** (reine Stautage) eingestuft!

STÉRÉOTYPES

EN VOITURE

Kennen Sie sich mit dem Wortschatz rund ums Auto aus? Verbinden Sie, die zusammenpassenden Elemente.

1.	die Straßenverkehrsordnung beachten	A	vérifier la pression des pneus
2.	den Reifendruck prüfen	B	allumer ses phares
3.	die Scheinwerfer einschalten	C	arrêter le moteur
4.	den Motor abstellen	D	passer les vitesses
5.	auf den Standstreifen fahren	E	se garer sur la bande d'arrêt d'urgence
6.	schalten, den Gang einlegen	F	faire le plein
7.	die Lichthupe betätigen	G	respecter le code de la route
8.	volltanken	H	faire des appels de phares
9.	einen Reifen wechseln	I	s'arrêter au péage
10.	an der Zahlstelle halten	J	changer une roue

LÖSUNG
En voiture : 1. G, 2. A, 3. B, 4. C, 5. E, 6. D, 7. H, 8. F, 9. J, 10. I

74 TOTO EN CLASSE

Dans la classe, pendant le cours de maths, la maîtresse demande à Toto :

— Combien font 1 fois 1, Toto ?[1]

— Hein ?[2]

— C'est très bien, Toto ! Je te félicite ![3]

In der Klasse fragt die Lehrerin Toto während des Matheunterrichts:
1 „Wie viel ist ein mal eins, Toto?"
2 „Hä?"
3 „Das ist sehr gut, Toto! Hast du toll gemacht!"

Toto ist die französische Entsprechung des deutschen *Fritzchens*. Er kommt in vielen Witzen vor!

Hein ? – *Was?* wird in der Umgangssprache oft verwendet. Dabei wirkt es etwas unhöflich. Dieses Wort wird aber genauso wie die Zahl 1 (**un**) ausgesprochen. Das macht hier den Witz aus! Toto gibt somit, ohne es zu ahnen, die richtige Antwort! Wenn man etwas nicht verstanden hat und möchte, dass sein Gegenüber das Gesagte wiederholt, sollte man höflicher fragen: **Comment ?** oder **Vous pouvez répéter, s'il vous plaît ?**

À L'ÉCOLE

la salle de classe
Klassenzimmer

le tableau
Tafel

le maître/la maîtresse
Lehrer(in)

la cour
Schulhof

l'élève (m/f)
Schüler(in)

la récré(ation)
Pause

EMPLOI DU TEMPS

Kennen Sie sich mit dem Stundenplan, **l'emploi du temps**, aus? Kreuzen Sie an, was kein Schulfach ist.

- ○ **A** les maths
- ○ **B** la géo
- ○ **C** le français
- ○ **D** les jeux vidéo
- ○ **E** la chimie
- ○ **F** les échecs

LÖSUNG Emploi du temps : D, F

75 JE N'AI RIEN FAIT

Toto se plaint auprès de son copain Fred :

Ma mère m'a puni pour une chose que je n'ai même pas faite...[1]

Ah bon ? Qu'est-ce que c'est ?[2]

Mes devoirs...[3]

Toto beschwert sich bei seinem Freund Fred:
1 „Meine Mutter hat mich für etwas bestraft, das ich nicht mal gemacht habe …
2 „Echt, was denn?"
3 „Meine Hausaufgaben …"

Das Verb **punir** wird so wie **finir** – *beenden* konjugiert:
je punis, tu punis, il/elle/on punit, nous punissons, vous punissez, ils/elles punissent.

Das Wort **devoir** kann sowohl ein Verb als auch ein Substantiv sein:
devoir faire quelque chose - *etwas tun müssen/sollen*
le devoir - *die Pflicht, die Aufgabe*
les devoirs - *die Hausaufgaben*

TOTO ET ÉCOLE

EN CLASSE

Finden Sie elf Begriffe rund um den Unterricht im Buchstabengitter.

K	C	O	U	R	S	I	M	A	T
I	A	D	E	V	O	K	P	P	E
C	H	E	T	Z	A	U	X	P	I
R	I	V	I	U	O	L	I	R	E
L	E	O	E	C	R	I	W	E	X
A	R	I	D	O	R	V	L	N	E
B	E	R	G	M	O	R	L	D	R
N	S	S	U	P	A	E	V	R	C
M	C	A	R	T	A	B	L	E	I
T	A	B	L	E	A	U	F	U	C
S	E	G	C	R	A	Y	O	N	E

La classe ist sowohl die *Klasse* als auch das *Klassenzimmer*: **Rentrez dans la (salle de) classe !** – *Geht wieder ins Klassenzimmer!*

NÉGATION

Ergänzen Sie die Lücken mit der passenden Verneinung.

1. Toto .... a .... fait. *(nichts)*
2. Il .... fait .... ses devoirs. *(nie)*
3. Il .... a peur de .... *(niemand)*

LÖSUNG
En classe : *Waagerecht*: cours, lire, cartable, tableau, crayon
Senkrecht: cahier, devoirs, compter, livre, apprendre, exercice
Négation : **1.** n'... rien, **2.** ne... jamais, **3.** n'... personne

76 PREMIÈRE JOURNÉE ★★

Toto rentre à la maison après sa première journée d'école.
Sa maman lui demande :

> Alors, Toto, as-tu appris beaucoup de choses à l'école aujourd'hui ?[1]

> Bah non, pas beaucoup, apparemment. Ils veulent que j'y retourne demain ![2]

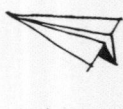

Toto kommt nach seinem ersten Schultag nach Hause. Seine Mutter fragt ihn:
1 „Na, Toto, hast du viele Dinge heute in der Schule gelernt?"
2 „Äh, nein, anscheinend nicht viel. Sie wollen, dass ich morgen wieder hingehe!"

Das Schuljahr, **l'année scolaire**, geht in Frankreich für alle Schüler von Anfang September bis Anfang Juli. Nach den *Sommerferien*, **les grandes vacances** oder **les vacances d'été**, beginnt die Schule wieder, und das nennt man **la rentrée des classes** oder **la rentrée scolaire**, kurz gesagt: **la rentrée**.

PRENDRE ET SES COMPOSÉS

Bei diesen Verben mit dem Stamm **prendre** fehlt jeweils die Vorsilbe. Ergänzen Sie.

1. Toto n'_____prend rien à l'école.
2. Il ne _____prend rien à l'exercice.
3. Cela me _____prend qu'il écoute ce que dit le professeur...
4. Les cours _____prennent le 4 septembre cette année.
5. Avec ses copains, il _____prend toujours quelque chose le week-end.

LE PRONOM Y

Das Pronomen **y** ersetzt ...
... entweder einen Ort:
Je retourne à l'école. → J'y retourne.
... oder eine Sache, die mit **à** eingeleitet wird:
Je pense à mon contrôle d'anglais. → J'y pense.
Vorsicht, nicht bei Personen!
Je pense à mon prof. → Je pense à lui.

LÖSUNG
Prendre et ses composés : 1. apprend, 2. comprend, 3. surprend, 4. reprennent, 5. entreprend

77 TOTO ET LA GÉO

La maîtresse demande à Toto :
– « Toto, tu peux me citer les continents ? »
– « Oui, bien sûr. L'Europe, l'Afrique, l'Asie, ... et Papy. »
– « Mais pourquoi Papy ? »
– « Eh bah maman, elle dit toujours que Papy est incontinent ! »

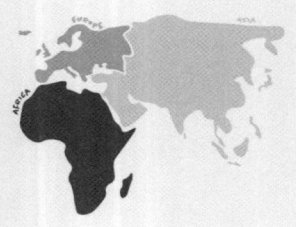

Die Lehrerin fragt Toto:
– „Toto, kannst du mir die Kontinente aufzählen?"
– „Ja, natürlich. Europa, Afrika, Asien, ... und Opa."
– „Aber warum Opa?"
– „Ja, also, Mama sagt immer, dass Opa inkontinent ist!"

Die Aussprache von **un continent** – *ein Kontinent* und dem Adjektiv **incontinent** – *inkontinent* ist die gleiche, deshalb liegt Toto da wohl falsch!

COURS DE GÉOGRAPHIE

le fleuve
(großer) Fluss, Strom

la rivière
(kleiner) Fluss

la frontière
Grenze

la capitale
Hauptstadt

RÉGIONS FRANÇAISES

Kennen Sie sich mit den französischen Regionen aus? Kreuzen Sie an, ob die Aussagen richtig oder falsch sind.

VRAI FAUX

1. La capitale française se trouve dans la région Île-de-France.
2. Marseille est en Normandie.
3. Nantes fait partie de la région Auvergne-Rhône-Alpes.
4. En France, il y a vingt-deux régions.
5. La Corse est une région française.
6. Le Calvados est une région.
7. Il y a cinq départements dans chaque région.

Es gibt auch Regionen, die weit weg vom Festland sind. Man nennt sie die Überseeregionen: **les régions ultramarines** oder auch **DROM (départements et régions d'outre-mer)**. Sie haben die gleichen Kompetenzen wie die anderen Regionen auch. Es sind **la Guadeloupe**, **la Martinique** (beide in der Karibik), **la Guyane** (Nordostküste Südamerikas), **la Réunion** und **Mayotte** (beide im indischen Ozean).

LÖSUNG
Régions françaises : Vrai : **1.** **5.** Faux : **2.** (Provence-Côte d'Azur) **3.** (Pays de la Loire) **4.** (Wechsel von 22 auf 13 im Jahr 2014) **6.** (ein Departement oder ein Getränk) **7.** (unterschiedlich je nach Region)

78 COPIE PARFAITE

Toto dit à voix basse à son copain Martin :
– « Merci, Martin. Encore un devoir pas fait et la prof convoquait mes parents ! »
– « Ouais, je n'aime pas ça ! J'espère que tu n'as pas tout copié mot à mot ? »
– « Tu peux être certain que j'ai tout copié à la perfection ! »
La prof contrôle les copies et dit aux élèves :
– « Toto, comment ça se fait que je n'ai pas ton devoir et que j'en ai deux au nom de Martin ? »

Toto sagt ganz leise zu seinem Freund Martin:
– „Danke, Martin. Noch eine nicht gemachte Hausaufgabe und die Lehrerin würde meine Eltern einladen!"
– „Naja, ich mag das nicht! Ich hoffe, du hast nicht alles Wort für Wort abgeschrieben?"
– „Du kannst dir sicher sein, ich habe alles perfekt abgeschrieben!"
Die Lehrerin kontrolliert die Aufgaben und sagt zu den Schülern:
– „Toto, wie kommt es, dass ich keine Hausaufgabe von dir habe, dafür aber zwei mit dem Namen Martin?"

VERBES PARTICULIERS EN -ER

Konjugieren Sie die besonderen Verben auf **-er** und tragen Sie die passende Form in die Lücke ein.

1. J'............................ que la prof ne remarquera rien. *(espérer)*
2. Nous .... à la cantine tous les jours. *(manger)*
3. Tu .... les maths ou le français ? *(préférer)*
4. Tu .... un œil sur ma feuille et c'est tout, d'accord ? *(jeter)*

CONTRÔLE D'ANGLAIS

Was kann die Lehrerin oder der Lehrer bei einer Schulaufgabe sagen? Bringen Sie die Sätze in die richtige Reihenfolge.

1. Je ramasse les copies, allez, allez, à demain !
2. Il ne vous reste plus que dix minutes.
3. Bonjour, les enfants, asseyez-vous, on ne perd pas de temps !
4. C'est fini, on pose son crayon. Vous avez eu assez de temps !
5. Le contrôle va commencer ! Je ne veux plus entendre un bruit.

Richtige Reihenfolge: ....

LÖSUNG
Verbes particuliers en -er : **1.** espère, **2.** mangeons, **3.** préfères, **4.** jettes
Contrôle d'anglais : **3. 5. 2. 4. 1.**

79 CAMP DE VACANCES ★★

Du camp de vacances à la mer, Toto écrit une carte postale à sa mère :

> Chère maman,
> Au camp, tout va bien, sauf que tu as oublié d'écrire mon nom sur mes vêtements. Du coup, tout le monde m'appelle « 100% coton ».

Aus dem Ferienlager am Meer schreibt Toto eine Postkarte an seine Mutter:
„Liebe Mama,
im Ferienlager ist alles gut, außer dass du vergessen hast, meinen Namen in meine Anziehsachen zu schreiben. Also nennt mich hier jeder '100% Baumwolle'."

Da die Sommerferien in Frankreich ca. neun Wochen dauern, haben die französischen Kinder etwas mehr Zeit und fahren oft in Sommercamps: Früher nannte man sie **les colonies de vacances**, in der Umgangssprache **les colos**. Seit einigen Jahren hat man sie umbenannt in **les séjours de vacances**. Es klingt moderner. Viele große französische Unternehmen, aber auch der öffentliche Dienst, bieten solche Ferienprogramme für die Kinder ihrer Angestellten an oder haben sogar richtige Ferienzentren, wo sich gleich die ganze Familie einbuchen kann.

EN VACANCES

le gîte (rural)
Ferienunterkunft
(auf dem Land)

l'auberge (f.) de jeunesse
Jugendherberge

la chambre d'hôte
das Fremdenzimmer

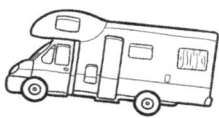

la pension
Pension

la location de vacances
Ferienunterkunft; Ferienwohnung

le camping-car
Wohnmobil

TISSUS

Um welche Stoffe handelt es sich? Verbinden Sie.

1.	le coton	A	Wolle
2.	le lin	B	Baumwolle
3.	la soie	C	Leinen
4.	la laine	D	Samt
5.	le velours	E	Seide
6.	l'éponge	F	Cord
7.	le jean	G	Frottee
8.	le velours côtelé	H	Denim
9.	le cuir	I	Leder

LÖSUNG
Tissus : 1. B, 2. C, 3. E, 4. A, 5. D, 6. G, 7. H, 8. F, 9. I

80 PARTIE DE TENNIS

Toto joue au tennis avec son père et lui demande :
– « Papa, je peux aller aux toilettes ? »
– « Non, quand on commence quelque chose, on le finit. »
Une heure plus tard, la partie de tennis est terminée. Toto va enfin aux toilettes. Ensuite, sa mère passe après lui et s'aperçoit que le papier toilette est entièrement déroulé. Elle lui demande ce qu'il a fait et Toto lui réplique :
– « Papa m'a dit que lorsqu'on commence quelque chose, il faut le finir ! »

Toto spielt mit seinem Vater Tennis und fragt ihn:
– „Papa, darf ich auf die Toilette gehen?"
– „Nein, wenn man etwas anfängt, macht man es auch zu Ende."
Eine Stunde später ist das Tennisspiel zu Ende. Toto geht endlich zur Toilette. Danach geht seine Mutter und merkt, dass das Toilettenpapier vollständig abgerollt ist. Sie fragt ihn, was er getan habe und Toto antwortet ihr:
– „Papa hat mir gesagt, wenn man etwas anfängt, muss man es auch zu Ende bringen!"

Wussten Sie, dass das zweite Tennisturnier der Grand Slams seit 1891 üblicherweise jedes Jahr im Mai/Juni im 16. Arrondissement von Paris stattfindet? Die „French Open" sind nach dem Luftfahrtpionier Roland Garros (1888 – 1918) benannt: **Tournoi de Roland Garros**.

MATCH DE TENNIS

Was hat mit Tennis zu tun?
Kreuzen Sie an.

- ○ **A** la raquette
- ○ **B** la balle
- ○ **C** le ballon
- ○ **D** le volant
- ○ **E** les fléchettes
- ○ **F** le cochonnet
- ○ **G** le filet

DONNER UNE RÉPONSE

Finden Sie in der Buchstabenschlange sechs Verben, die nützlich sind, wenn man eine Antwort geben möchte.

JOIRÉPONDREPURÉPLIQUERPRACCEPTEREROUREFUSERNJRÉTOERCONTREDIRELJRÉAGIRZ

Verbes pour donner une réponse : ....

LÖSUNG
Match de tennis : A, B, G
Donner une réponse : répondre, répliquer, accepter, refuser, contredire, réagir

81 QUESTION DE TACT

La mère de Toto, à table, dit à son fils qui se jette sur son assiette :

> Enfin, Toto, que dirais-tu si tu me voyais à table avec des mains aussi sales ?[1]

> Eh ben, moi, au moins, j'aurais le tact de ne pas en parler ![2]

Totos Mutter sagt am Tisch zu ihrem Sohn, der sich auf sein Essen stürzt:
1 „Also wirklich, Toto, was würdest du denn sagen, wenn du mich am Tisch mit so schmutzigen Händen sehen würdest?"
2 „Na ja, also, ich hätte zumindest den Anstand, nicht darüber zu reden!"

Kennen Sie die umgangssprachliche Redewendung **je ne suis pas dans mon assiette** ? Sie hat mit einem Teller an sich nichts zu tun, sondern bedeutet lediglich *ich fühle mich nicht wohl* bzw. *nicht ganz auf der Höhe!*

TOTO ET ÉCOLE

À TABLE !

Übersetzen Sie die Sätze und kombinieren Sie dabei die Verben **mettre, venir, débarasser, sortir** mit **table**.

1. Komm zu Tisch! ....
2. Deck bitte den Tisch! ....
3. Räum den Tisch bitte ab! ....
4. Leg deine Hände auf den Tisch! ....
5. Darf ich (vom Tisch) aufstehen? ....

SI J'AVAIS...

Sätze, die eine Bedingung ausdrücken, werden so gebildet:

Si + Verb im **Imparfait**   Verb im **Conditionnel présent**
(im Nebensatz)   (im Hauptsatz)

Ergänzen Sie die Lücken nach diesem Muster.

1. Si j'............... (avoir) une fourchette, je .... (pouvoir) manger correctement.
2. Si tu .... (être) sale, je ne .... (dire) rien.
3. S'ils .... (pouvoir) venir, je les .... (inviter) à manger dimanche.
4. Je .... (être) contente si tu .... bien à table. (se tenir)

LÖSUNG

À table! : **1.** Viens à table! **2.** Mets la table, s'il te plaît! **3.** Débarrasse la table, s'il te plaît! **4.** Mets tes mains sur la table! **5.** Je peux sortir de table?
Si j'avais... : **1.** avais, pourrais, **2.** étais, dirais, **3.** pouvaient, inviterais, **4.** serais, te tenais

82 — DES ZÉROS PARTOUT

Toto revient de l'école avec son bulletin de notes : des zéros partout. Sa mère soupire :

> Quelle excuse vas-tu encore me donner ?[1]

> Eh bien, j'hésite entre l'hérédité et l'environnement familial ![2]

Toto kommt mit seinem Zeugnis aus der Schule zurück: überall Sechsen. Seine Mutter seufzt:
1 „Welche Entschuldigung wirst du dieses Mal wieder vorbringen?"
2 „Nun ja, ich schwanke noch zwischen Vererbung und familiärem Umfeld!"

---

très bien = sehr gut (16 – 20)
bien = gut (14 – 15,9)
assez bien = befriedigend (12 – 13,9)
passable = ausreichend (10 – 11,9)
insuffisant = mangelhaft (6 – 9,9)
très insuffisant = ungenügend (0 – 5,9)

In Frankreich sind die Schulnoten Punkte zwischen 0 und 20, wobei die schlechteste Note 0 und die beste 20 ist. Eine 10/20 (gesprochen: **dix sur vingt**) ist der Durchschnitt und entspricht einer 4 im deutschen Notensystem.

TOTO ET ÉCOLE

DIPLÔMES

Übersetzen Sie die Wörter zum Thema Prüfungen ins Französische.

1. gute Noten haben
2. das Abitur haben
3. eine Prüfung machen
4. eine Prüfung bestehen
5. durch eine Prüfung fallen
6. sein Zeugnis bekommen

UNE QUESTION DE FORME

Manche Sätze drücken eine formelle Entschuldigung aus. Aber welche? Kreuzen Sie sie an.

	EXCUSE FORMELLE	AUTRE
1. J'en suis extrêmement navré(e).	○	○
2. Je suis profondément désolé(e).	○	○
3. Cela me touche beaucoup.	○	○
4. Cela me gêne sincèrement.	○	○
5. J'en suis bien aisé(e).	○	○
6. Je suis sincèrement comblé(e).	○	○
7. Je vous demande pardon.	○	○

LÖSUNG
Diplômes : **1.** avoir des/de bonnes notes, **2.** avoir le baccalauréat/bac, **3.** passer un examen, **4.** avoir/obtenir/réussir un examen, **5.** échouer à/rater un examen, **6.** recevoir son bulletin (de notes)
Une question de forme : Excuses formelles : **1. 2. 4. 7.** Autre : **3. 5. 6.**

83 INTELLIGENT OU PAS ?

Dans l'amphithéâtre de la fac de philosophie, le professeur déclare à ses étudiants :

> Les gens intelligents sont toujours dans le doute. Seuls les imbéciles ne doutent jamais.[1]

> Vraiment ? Vous en êtes certain, Monsieur ?[2]

> Ah oui, j'en suis absolument certain ![3]

Im Hörsaal der philosophischen Fakultät erklärt der Dozent seinen Studenten:
1 „Intelligente Leute sind immer am Zweifeln. Nur Idioten zweifeln nie."
2 „Wirklich? Sind Sie sich sicher, Monsieur?"
3 „Ja, ich bin mir absolut sicher!"

In Frankreich gibt es einerseits *die Universitäten*, **les universités**, mit ihren verschiedenen *Fakultäten*, die man **facultés** oder umgangssprachlich **facs** nennt. Andererseits haben Studierende auch die Möglichkeit an sogenannten *Elite-Unis* zu studieren: **les grandes écoles**. Diese haben strengere Zulassungsvoraussetzungen und verlangen oft hohe Studiengebühren. Aber wer dort seinen Abschluss geschafft hat, hat hinterher die besten Chancen, in eine Führungsposition zu kommen.

TOTO ET ÉCOLE

DOUTE CARTÉSIEN

« Je pense, donc je suis. » - „Ich denke, also bin ich." Das sagte ein bekannter französischer Philosoph, der sonst eher für seine Theorien über den methodischen Zweifel berühmt war. Um zu wissen, um wen es sich handelt, bringen Sie die Buchstaben in die richtige Reihenfolge.

NEÉR STEDESACR ....

Cogito ergo sum

PHILOSOPHES FRANÇAIS

Finden Sie sieben berühmte französische Philosophen in der Buchstabenschlange.

Philosophes : ....

LÖSUNG
Doute cartésien : René Descartes
Philosophes : Pascal, Montesquieu, Rousseau, Sartre, Voltaire, Camus, Montaigne

84 LE PANTALON

Garçon ! Vous avez des cuisses de grenouilles ?[1]

Non, Monsieur, c'est mon pantalon qui me serre trop ![2]

[1] „Herr Ober! Haben Sie Froschschenkel?"
[2] „Nein, Monsieur, das ist meine Hose, die zu eng ist!"

BONNES CUISSES

la cuisse de poulet
Hähnchenschenkel, Hühnerkeule

la cuisse d'oie
Gänsekeule

la cuisse de dinde
Putenschenkel

la cuisse de canard
Entenkeule

AU RESTAURANT

PHRASES TYPIQUES

Welche Sätze kann man üblicherweise zu einem Kellner sagen, welche nicht? Kreuzen Sie an.

	OUI	NON
1. Vous avez un menu végétarien ?	○	○
2. Je voudrais un whisky en apéritif.	○	○
3. Tu mets la table ?	○	○
4. C'était délicieux !	○	○
5. Quand est-ce qu'ils apportent le dessert ?	○	○
6. L'addition, s'il vous plaît !	○	○
7. Je peux payer par carte ?	○	○
8. Je voudrais faire le plein, s'il vous plaît.	○	○

PANTALON TROP SERRÉ

Kennen Sie sich mit Mode aus? Was hat nichts mit Kleidung zu tun?

- ○ **A** serré
- ○ **B** long
- ○ **C** risqué
- ○ **D** court
- ○ **E** flippé
- ○ **F** large

Für das deutsche Wort *Kleidung* verwenden die Franzosen meistens ein Wort in der Mehrzahl: **les vêtements** oder umgangssprachlich **les fringues** – *Klamotten*.

LÖSUNG
Phrases typiques : Oui : 1. 2. 4. 6. 7.   Non : 3. 5. 8.
Pantalon trop serré : C, E

85   BON CONSEIL

Au restaurant, un client consulte la carte en détail. Il demande au serveur :

> Garçon ! Que me conseillez-vous en toute confiance ?[1]

> Une autre adresse ![2]

Im Restaurant studiert ein Gast die Karte genauestens.
Er fragt den Ober:
1 „Herr Ober! Was raten Sie mir im Vertrauen?"
2 „Eine andere Adresse!"

In Frankreich hat man in sehr vielen Restaurants die Wahl: Entweder man nimmt ein *Menü*, **le menu à 25 euros** zum Beispiel, oder man wählt einzelne Speisen von der Karte, **à la carte**. Oft ist es sehr vorteilhaft, ein Menü zu nehmen, denn es besteht aus ausgewählten Speisen der Karte und ist insgesamt viel günstiger. So kann man sich noch **un apéritif** oder **un digestif** – *einen Verdauungsschnaps* gönnen. **À la vôtre !** – *Prost!*

AU RESTAURANT

DÎNER AUX CHANDELLES

Wissen Sie, was Sie zum Candle-Light-Dinner bestellen könnten? Ergänzen Sie die Namen der Speisen den Bildern entsprechend.

1 la s ....

2 la s ....

3 la v ....

4 les f .... de mer

5 le p ....

6 les p ....

Die einzelnen Gänge werden in folgender Reihenfolge serviert: **l'entrée** – *Vorspeise*, auch **le hors d'œuvre** genannt, **le plat (principal)** – *Hauptspeise* und **le dessert** – *Nachspeise*.
Und wie ein französisches Sprichwort sagt: **Il faut toujours garder une petite place pour le fromage !**
– *Man soll immer ein bisschen Platz für den Käse lassen!* – gemeint ist zwischen Haupt- und Nachspeise.

LÖSUNG
Dîner aux chandelles : **1.** la salade, **2.** la soupe, **3.** la viande, **4.** les fruits (de mer), **5.** le poisson, **6.** les pâtes

159

86 DES NOUILLES

Un homme rentre en hésitant dans un restaurant et pose la question suivante :

Heu, excusez-moi, est-ce que vous servez des nouilles ?[1]

Oh, mais Monsieur, bien sûr, on sert tout le monde ici...[2]

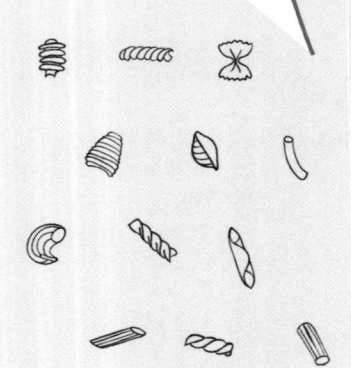

Ein Mann betritt zögernd ein Restaurant und stellt folgende Frage:
1 „Äh, entschuldigen Sie, bieten Sie Nudeln an? (bedienen Sie Idioten?)"
2 „Oh, aber Monsieur, selbstverständlich, wir bedienen jeden hier ..."

Beide Begriffe, **les nouilles** oder **les pâtes** kann man im Sinne von *Nudeln* beliebig verwenden, wobei **nouilles** umgangssprachlicher ist.

Das Verb **servir** wird hier auf zwei Weisen benutzt: **servir quelque chose** – *etwas anbieten, auf der Speisekarte haben* und **servir quelqu'un** – *jemanden bedienen*. Da das Wort **nouilles** doppeldeutig ist, meint der Kunde *Nudeln*, während der Kellner *Idioten/Deppen* versteht, und das macht den Witz aus!

LA CUISSON

Das Nudelrezept ist durcheinandergeraten.
Bringen Sie die Schritte wieder in die richtige Reihenfolge.

1. Faites alors cuire 8 minutes pour des pâtes al dente, 10 minutes pour des pâtes plus cuites.
2. Pour 100 grammes de pâtes crues, prenez un litre d'eau.
3. Plongez les pâtes dans l'eau salée bouillante.
4. Pour faire cuire vos pâtes, mettez l'eau à bouillir.
5. Égouttez les pâtes.
6. À la première ébullition, ajoutez 10 grammes de gros sel par litre d'eau.
7. Râpez enfin du parmesan sur les pâtes.
8. Servez-les avec une bonne sauce tomate par exemple.

Richtige Reihenfolge: ....

À VOTRE SERVICE

Können Sie das Verb servir konjugieren? Ergänzen Sie die Sätze mit der richtigen Verbform im Präsens.

1. Je vous .... en viande ?
2. Vous .... aussi le midi ?
3. Qu'est-ce qu'ils .... en dessert ?

LÖSUNG
La cuisson : 2. 4. 6. 3. 1. 5. 8. 7.
À votre service : 1. sers, 2. servez, 3. servent

87 CRÈME RENVERSÉE

À la table d'une brasserie, un client s'énerve auprès du serveur :
– « Alors, cette crème renversée, elle arrive ou pas ? »
– « Un instant, on la ramasse, Monsieur, on la ramasse… »

Am Tisch einer Gaststätte regt sich ein Gast beim Kellner auf:
– „Na, was ist denn (jetzt) mit dieser gestürzten Creme, kommt sie oder kommt sie nicht?"
– „Einen Moment, wir sammeln sie auf, Monsieur, wir sammeln sie auf …"

Es gibt zahlreiche Rezepte für **crème renversée** *(gestürzte Creme, gestürzter Pudding)*, die meist mit flüssigem Karamell übergossen wird. Noch feiner ist es, wenn man sie mit **caramel au beurre salé** zubereitet! Den *Karamell mit gesalzener Butter* erfand der Chocolatier Henri Le Roux in den 70er Jahren und traf damit den Geschmack seiner Kunden! Im Jahr 2000 kreierte er das größte Karamellbonbon der Welt mit einer Länge von 567,85 Metern! Es wurde in 24.000 Stücke geschnitten und für einen guten Zweck verkauft!

CARAMEL

AU RESTAURANT

EN DESSERT

Sie sind ein Fan von französischen Desserts oder wollen es werden? Ordnen Sie die Begriffe **éclair, mille-feuille, tarte tatin, profiteroles, clafoutis** und **soufflé au chocolat** den Bildern zu.

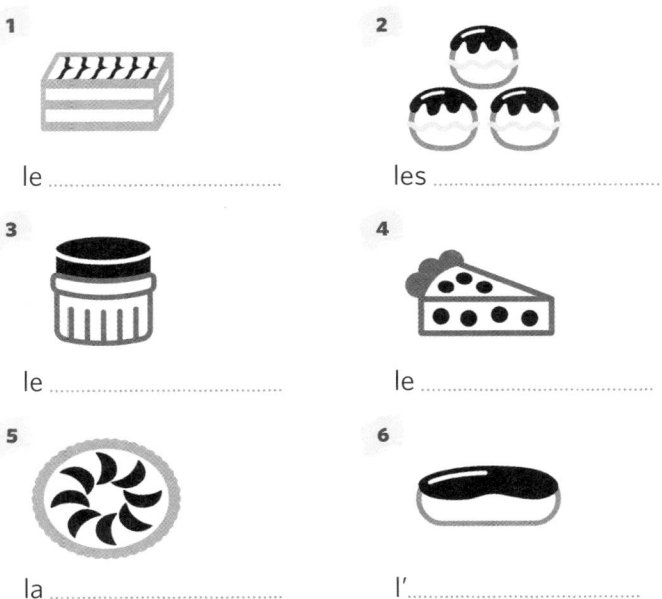

1. le ....
2. les ....
3. le ....
4. le ....
5. la ....
6. l' ....

Kennen Sie auch den Nachtisch **île flottante**? Er sieht aus wie eine *schwimmende Insel*, daher auch der Name, und besteht aus einer leicht flüssigen Vanillecreme mit Eischnee-Nocken, Karamell und gerösteten Mandelblättchen. Es ist eines der Lieblingsdesserts der Franzosen!

LÖSUNG

En dessert : **1.** le mille-feuille *(Blätterteig-Vanillecreme-Schnitte)*, **2.** les profiteroles *(mit Eis oder Vanillecreme gefüllter Windbeutel)*, **3.** le soufflé au chocolat *(Schokoladensoufflé)*, **4.** le clafoutis *(Süßspeise aus Eierkuchenteig und Kirschen)*, **5.** la tarte tatin *(Apfelkuchenspezialität)*, **6.** l'éclair *(mit Creme gefüllte und mit Schokolade überzogene Brandteigstange)*

88 UN STEAK-FRITES

Un type au restaurant commande un bifteck-frites. La serveuse lui apporte son plat et repasse peu de temps après :
– « Alors, comment avez-vous trouvé le bifteck ? »
– « En soulevant deux frites ! »

Ein Typ bestellt ein Steak mit Pommes im Restaurant. Die Kellnerin bringt ihm sein Gericht und kommt kurz danach wieder zu ihm:
– „Und, wie haben Sie das Steak gefunden?"
– „Indem ich zwei Pommes hochgehoben habe!"

trouver = *finden* aber auch *schmecken*!
Comment avez-vous trouvé... ?
Wie hat Ihnen ... geschmeckt?

LA CUISSON

bleu(e)
englisch, sehr blutig

cuit(e)
halbrosa

saignant(e)
blutig

bien cuit(e)
durch, durchgebraten

à point
medium

AU RESTAURANT

LE TYPE

Finden Sie die fünf Entsprechungen von **le type** in der Buchstabenschlange.

OIBONHOMMEOUMECIZZIGPOTOOTRJULESOKZOUPTZAVELLKNVININDIVIDULOGARSTIPMH

Synonymes : ....

ERREUR DE COMMANDE

Welche Sätze des Gastes und des Kellners passen zusammen? Verbinden Sie.

1.	Le steak manque de sel…	….. A	Quelle cuisson aviez-vous demandée ?
2.	Il y a un escargot dans ma salade !	….. B	Je vais demander en cuisine.
3.	Ma viande est beaucoup trop cuite…	….. C	Je vous l'apporte tout de suite, Madame !
4.	Serait-ce possible d'avoir des frites au lieu des pommes dauphines ?	….. D	Oh, mais c'est absolument dégoûtant !
5.	Il y a une erreur dans l'addition.	….. E	Laissez-moi recompter !

LÖSUNG
Le type : bonhomme/homme, mec, jules, individu, gars
Erreur de commande : **1.** C, **2.** D, **3.** A, **4.** B, **5.** E

89 PLAT PRÉFÉRÉ

Dans une auberge de campagne, un gros chien assis au pied d'une table regarde fixement un client :

Garçon, pourquoi ce chien n'arrête-t-il pas de me fixer ainsi ?[1]

Il a juste reconnu son assiette. Grrr...[2]

In einem Gasthaus auf dem Land starrt ein großer Hund, der neben einem Tisch sitzt, einen Gast an.
1 „Herr Ober, warum starrt mich dieser Hund die ganze Zeit so an?"
2 „Er hat nur seinen Teller wiedererkannt. Grrr ..."

CHIEN DE COMPAGNIE

la niche
Hundehütte

la laisse
Hundeleine

le panier
Korb

mordre
beißen

aboyer
bellen

AU RESTAURANT

AVEC SON CHIEN

Sie nehmen Ihren Hund mit ins Restaurant. Wie kann er dort vom Verhalten her sein? Kreuzen Sie an.

- A gentil
- B sage
- C doux
- D délicieux
- E fou
- F pressé

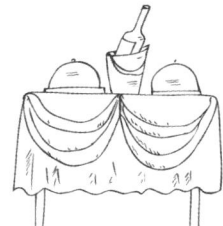

AUBERGE DE CAMPAGNE

Bei einem so vielfältigen Angebot an Unterkünften hat man oft die Qual der Wahl.
Kreuzen Sie die passenden Satzenden an.

1. Dans une auberge, on peut
    - A seulement dormir.
    - B juste manger ou bien manger et dormir.

2. Dans une chambre d'hôtes, on peut
    - A louer à la nuit ou au week-end.
    - B louer à la semaine.

LÖSUNG
Avec son chien : A, B, C, E
Auberge de campagne : 1. B, 2. A

90 NAPPES SALES

Un client demande au maître d'hôtel :
– « Mais quand changez-vous donc les nappes de vos tables ? Elles sont vraiment dégoûtantes ! »
– « Je ne sais pas, Monsieur, je ne suis là que depuis deux ans ! »

Ein Kunde fragt den Oberkellner:
– „Aber wann wechseln Sie denn (mal) die Tischdecken auf den Tischen? Sie sind wirklich widerlich!"
– „Das weiß ich nicht, Monsieur, ich bin erst seit zwei Jahren hier!"

Mögen Sie auch gerne saubere Tischdecken? Gut, dass Sie nicht im Mittelalter gelebt haben, denn lange Zeit hingen sie an der Wand und jeder Gast durfte aufstehen, um sie als Serviette zu benutzen! Erst mit Heinrich dem III. gibt es die ersten individuellen Servietten in Frankreich! Heutzutage verwenden viele Franzosen Stoffservietten auch im Alltag. Serviettenringe zum Wiedererkennen des „Besitzers" gibt es vielerorts zu kaufen!

AU RESTAURANT

COMMUNICATION

Trauen Sie sich im Restaurant schon zu, mit dem Kellner zu kommunizieren? Übersetzen Sie die Sätze ins Französische.

1. Wir möchten einen Tisch für zwei Personen.
2. Als Vorspeise nehme ich die Meeresfrüchte.
3. Ich hatte Fisch bestellt ...
4. Das Fleisch ist zu versalzen.
5. Mein Glas ist schmutzig.
6. Ich nehme das vegetarische Menü.
7. Könnte ich Bratkartoffeln statt Pommes haben?
8. Ich hätte gerne einen trockenen Rotwein.
9. Könnten Sie mir bitte die Rechnung bringen?
10. Ich zahle bar.

LÖSUNG

Communication : **1.** Nous voudrions/aimerions une table pour deux personnes. **2.** En entrée, je prends les fruits de mer. **3.** J'avais commandé du poisson... **4.** La viande est trop salée. **5.** Mon verre est sale. **6.** Je prends le menu végétarien. **7.** Est-ce que je pourrais/Pourrais-je avoir des pommes de terres sautées à la place des frites ? **8.** Je voudrais/J'aimerais un vin rouge sec. **9.** Pourriez-vous m'apporter l'addition, s'il vous plaît ? **10.** Je paie/paye en liquide/en espèces.

91 HOMARD BAGARREUR ★★★

Un client s'étonne de se voir servir un homard avec une seule pince...
– « Dans le vivier », lui explique le serveur, « quand ils se battent, il arrive qu'un homard perde une pince. »
– « Dans ce cas », répond le client, « apportez-moi le vainqueur ! »

Ein Gast wundert sich, dass er einen Hummer mit nur einer Schere angeboten bekommt ...
– „Im Becken", erklärt ihm der Kellner, „kann es passieren, dass ein Hummer eine Schere verliert, wenn sie gegeneinander kämpfen."
– „Wenn es so ist", antwortet der Kunde, „dann bringen Sie mir den Sieger!"

CHERCHER LA BAGARRE

le combat
Kampf

se battre
kämpfen

le vainqueur
Sieger(in)

la victoire
Sieg

la défaite
Niederlage

**le perdant/
la perdante**
Verlierer(in)

AU RESTAURANT

EN HORS-D'ŒUVRE

Meerestiere und Süßwassertiere werden in Frankreich gerne gegessen. Finden Sie die wichtigsten im Kreuzworträtsel. Das Lösungswort ist der französische Begriff für *Krustentiere*.

	1		R	V		T	T		
	2	C		B					
3	M	O		L	E				
	4	A		U		O	N		
	5		H	O	N				
6	H		R	E		G			
	7		A	A		A	R		
	8		C	R	E	V	I		E
9	L	A	N	G		T	E		

Krustentiere: les ....

Sie suchen ein ausgefallenes Gericht mit Fisch und Meeresfrüchten? Probieren Sie **la choucroute de la mer** – *Sauerkraut* mit drei Sorten Fisch (einem weißen Fisch wie Kabeljau, einem rosafarbenen Fisch wie Lachs und einem geräucherten Fisch wie Heilbutt), serviert mit Miesmuscheln, Langustinen und Krabben in **sauce au beurre blanc** – *Sauce aus Butter, Weißwein und Essig*. Lecker!

LÖSUNG
En hors-d'œuvre : **1.** crevettes (*Garnelen, Schrimps*), **2.** crabe (*Krebs, Krabbe*), **3.** moule (*Miesmuschel*), **4.** saumon (*Lachs*), **5.** thon (*Thunfisch*), **6.** hareng (*Hering*), **7.** calamar (*Tintenfisch*), **8.** écrevisse (*Flusskrebs*), **9.** langouste (*Languste*), Lösungswort: crustacés

92 EN DÉCORATION

Dites, garçon, c'est joli, ces dessins sur le beurre... Comment est-ce que vous parvenez à faire cela ?[1]

Oh, vous savez, c'est très simple, pour cela, j'utilise mon peigne...[2]

[1] „Sagen Sie mal, Herr Ober, diese Verzierungen auf der Butter sind hübsch ... Wie gelingt Ihnen das?"
[2] „Oh, das ist ganz einfach, wissen Sie, dafür nehme ich meinen Kamm ..."

Le pain et le beurre, quoi de meilleur ? Wussten Sie, dass die Franzosen im internationalen Vergleich am meisten Butter essen, mit 8 kg pro Jahr und pro Person? Es gibt zahlreiche gesalzene und ungesalzene Sorten. Butter ist ein wichtiger Bestandteil der Küche **(la cuisine au beurre)**. Sie wird hauptsächlich für Kuchen **(tartes)** und **brioches**, **crêpes** und **croissants** verwendet, aber auch für herzhafte Gerichte braucht man viel Butter: in der **sauce béarnaise** oder **hollandaise** oder im **beurre blanc**, einer Soße, die hauptsächlich zum Fisch serviert wird. Kleine Anmerkung: In Frankreich wird die Butter oft in 500-Gramm-Paketen verkauft, denn die sonst üblichen 250-Gramm-Päckchen reichen nicht lange aus!

AU RESTAURANT

TOUJOURS DU BEURRE

Was bedeuten diese Redewendungen mit dem Wort **beurre**?
Verbinden Sie.

1. vouloir le beurre et l'argent du beurre	.... A	ganz einfach
2. faire son beurre	.... B	ein blaues Auge/ Veilchen haben
3. avoir un œil au beurre noir	 C	ein nettes Zubrot sein
4. mettre du beurre dans les épinards	.... D	alles auf einmal haben wollen
5. être beurré(e)	.... E	dick im Geschäft sein
6. battre le beurre	.... F	total betrunken sein
7. comme dans du beurre	.... G	durcheinander sein

Übrigens: **Ça compte pour du beurre** bedeutet, dass etwas nicht zählt, keinen Wert hat, keine Rolle spielt.

SYNONYMES

Welche Wörter sind Synonyme, haben also die gleiche Bedeutung? Kreuzen Sie an.

1. parvenir à
   - A réussir à
   - B réduire à
   - C arriver à

2. utiliser
   - A abuser de
   - B employer
   - C se servir de

LÖSUNG
Toujours du beurre : **1.** D, **2.** E, **3.** B, **4.** C, **5.** F, **6.** G, **7.** A
Synonymes : **1.** A, C, **2.** B, C

93 DEVINETTE

Qu'est-ce qui est vert et qui monte et qui descend ?
– « Un petit pois dans un ascenseur ! »

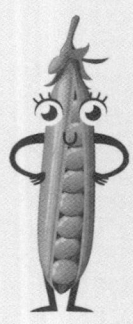

Was ist grün und steigt auf und ab?
– „Eine Erbse im Aufzug!"

Es gibt im Französischen viele Witze bzw. Ratespiele, **devinettes**, die mit **Qu'est-ce qui...** beginnen. Das Lustige daran ist, dass die Antwort so absurd ist, dass man sie nicht erraten kann!

Die Stadt **Clamart**, in der Nähe von Paris, ist auch als „**la ville des petits pois**" bekannt: Ludwig XIV. ließ dort Erbsen anbauen, die bald zum Luxusprodukt wurden. Seitdem bezeichnet die Wendung in der Gastronomie **à la clamart** eine *Erbsen-Beilage* zum Fleisch. Jedes Jahr im Juni gibt es in der Stadt ein Kunstfestival, das den Namen „**Festival des Petits Pois**" trägt!

C'EST DINGUE !

LÉGUMES VERTS

Welche Gemüsesorten sind nicht grün?
Kreuzen Sie sie an.

- ○ **A** les haricots
- ○ **B** les épinards
- ○ **C** le concombre
- ○ **D** la carotte
- ○ **E** la courgette
- ○ **F** l'aubergine
- ○ **G** le chou-fleur

AUTRES DEVINETTES

Rätsel über Rätsel! Finden Sie die Lösung?
Verbinden Sie.

1.	Qu'est-ce qui a un portail et peut accueillir la voiture ?	.... **A**	une cave
2.	Qu'est-ce qui permet d'aller du premier au deuxième étage et a des marches ?	.... **B**	un garage
3.	Qu'est-ce qui est sous la maison et permet de stocker du vin ?	.... **C**	un balcon
4.	Qu'est-ce que peut avoir un appartement pour pouvoir sortir ?	.... **D**	un escalier

LÖSUNG
Légumes verts : D *(Möhre)*, F *(Aubergine)*, G *(Blumenkohl)*
Autres devinettes : **1.** B, **2.** D, **3.** A, **4.** C

94 QUELLE QUESTION ★

Pourquoi dit-on que la majorité des femmes conduisent mal ?
– « Parce que la majorité des moniteurs auto-école sont des hommes ! »

Warum sagt man (immer), dass die Mehrheit der Frauen schlecht Auto fährt?
– „Weil die Mehrheit der Fahrlehrer Männer sind!"

Hier einige Wendungen, um eine Personenmenge anzugeben:
la majorité des... *die Mehrheit der ...*
la plupart des... *die meisten ...*
peu de... *wenige ...*
beaucoup de... *viele ...*
pas mal de... (ugs.) *einige ...*

AU VOLANT

accélérer
Gas geben, beschleunigen

tourner à gauche/droite
links/rechts abbiegen

s'arrêter au feu
an der Ampel halten

faire marche-arrière
rückwärtsfahren

freiner
bremsen

C'EST DINGUE !

LA CIRCULATION

1 le carrefour

2 le virage

3 le rond-point

4 le feu

5 les travaux

6 l'interdiction de stationner

CONDUIRE

Können Sie das Verb conduire konjugieren? Übersetzen Sie.

1. Ich fahre schnell. ....
2. Er fährt nicht. ....
3. Sie fahren schlecht. ....
4. Du fährst gut. ....

LÖSUNG
Conduire : **1.** Je conduis vite. **2.** Il ne conduit pas. **3.** Ils/Elles conduisent mal./Vous conduisez mal. **4.** Tu conduis bien.

95 APPEL DE FOU

Un fou téléphone à un autre fou :

> Allô ! Je suis bien au 20 73 67 ?[1]

> Ah non, Monsieur, vous faites erreur, ici, on n'a pas le téléphone ![2]

Ein Verrückter ruft einen anderen Verrückten an:
[1] „Hallo! Bin ich hier bei der 20 73 67 gelandet?"
[2] „Oh, nein, Monsieur, Sie haben sich verwählt, wir haben hier gar kein Telefon!"

Wussten Sie, dass es ein Wort gibt, um die Angst vor dem Verlust des eigenen Handys zu bezeichnen? Man spricht von **la nomophobie**.

AU TÉLÉPHONE

le (téléphone) fixe
Festnetz

le message
(Sprach)nachricht

le (téléphone) portable
Handy

l'appli (f.) (ugs.)
App

C'EST DINGUE !

ALLÔ... BONJOUR

Am Telefon: Welche Fragen und Antworten passen zusammen? Verbinden Sie.

1.	Allô, bonjour. Je pourrais parler à Madame Berger ?	.... A	Bien sûr, je lui dirai de vous rappeler.
2.	Je peux lui laisser un message ?	.... B	Un instant, je vous mets en communication avec lui.
3.	Salut, c'est David, tu peux me passer Sophie ?	 C	Désolée, Monsieur, elle est absente aujourd'hui.
4.	Est-ce que Monsieur Durand est libre ?	.... D	Ah salut. Attends un instant, je vais la chercher.

Jemanden anrufen heißt auf Französisch **téléphoner à quelqu'un** oder **appeler quelqu'un**: **Je vais lui téléphoner./ Je vais l'appeler.** *(Ich werde ihn/sie anrufen.)*

LE MAUVAIS NUMÉRO

Welche Redewendung bedeutet <u>nicht</u>, dass jemand sich verwählt hat? Kreuzen Sie sie an.

- ○ **A** Désolé, vous avez fait le mauvais numéro.
- ○ **B** Je crois que vous vous êtes trompé de numéro.
- ○ **C** C'est un sacré numéro !
- ○ **D** Il y a erreur de numéro, je pense.

LÖSUNG
Allô... bonjour : **1.** C, **2.** A, **3.** D, **4.** B
Le mauvais numéro : C *(Er/Sie ist eine Nummer für sich!)*

96   LETTRE DE FOU

Un fou écrit une lettre. Le directeur de l'asile lui demande :
- « À qui écrivez-vous ? »
- « À moi-même. »
- « Et qu'est-ce que vous avez mis dans cette lettre ? »
- « Je ne sais pas, Monsieur le directeur : je ne l'ai pas encore reçue ! »

Ein Verrückter schreibt einen Brief. Der Direktor der Anstalt fragt ihn:
- „An wen schreiben Sie?"
- „An mich selbst."
- „Und was haben Sie in den Brief geschrieben?"
- „Herr Direktor, das weiß ich doch nicht: Ich habe ihn ja noch nicht bekommen!"

LETTRES

la lettre d'amour
Liebesbrief

la lettre de condoléances
Kondolenzschreiben

la lettre ouverte
offener Brief

la lettre circulaire
Serienbrief; Rundbrief

la lettre de remerciements
Dankesbrief

la lettre publicitaire
Werbebrief

C'EST DINGUE !

ÉCRIRE ET RECEVOIR

Kennen Sie sich mit der Konjugation der beiden Verben aus? Ergänzen Sie die Sätze mit der passenden Verbform in der richtigen Zeit.

1. Je lui .... il y a une semaine mais il n'............ pas .... ma lettre.
2. Vous .... des cartes de Noël ?
   Moi, j'en .... toujours une de ma meilleure amie.
3. Tu .... sans doute ma carte dans quelques jours, je l'.......................... et envoyée hier matin.

POUR ÉCRIRE

Womit kann man nicht schreiben? Kreuzen Sie an.

- ○ **A** un feutre
- ○ **B** un crayon de papier
- ○ **C** de la craie
- ○ **D** un taille-crayon
- ○ **E** un stylo
- ○ **F** une gomme
- ○ **G** une règle

LÖSUNG
Écrire et recevoir : **1.** ai écrit, a... reçu, **2.** écrivez, reçois, **3.** recevras/vas recevoir, ai écrite
Pour écrire : D (Anspitzer), F (Radiergummi), G (Lineal)

97 J'HALLUCINE !

— Moi, quand je bois une tasse de café, je ne peux pas dormir ![1]

— Moi, c'est le contraire...[2]

— Ah bon, comment ça ?[3]

— Ben oui, quand je dors, je ne peux pas boire de tasse de café ![4]

[1] „Wenn ich eine Tasse Kaffee trinke, kann ich nicht schlafen!"
[2] „Bei mir ist es das Gegenteil ..."
[3] „Ah, wie das denn?"
[4] „Na ja, wenn ich schlafe, kann ich keine Tasse Kaffee trinken!"

DORMIR

le sommeil
Schlaf; Müdigkeit

le rêve
Traum

ronfler
schnarchen

l'insomnie (f.)
Schlaflosigkeit

le cauchemar
Albtraum

C'EST DINGUE !

DORMIR DEBOUT

Was bedeutet was? Verbinden Sie.

1. dormir à poings fermés	...... A	ganz beruhigt sein
2. dormir sur ses deux oreilles	...... B	eine unglaubliche Geschichte
3. dormir debout	 C	tief und fest schlafen
4. une histoire à dormir debout	...... D	wie ein Engel schlafen
5. ne dormir que d'un œil	...... E	einen leichten Schlaf haben
6. dormir comme un ange	...... F	jemanden kalt lassen
7. ne pas empêcher quelqu'un de dormir	...... G	im Stehen einschlafen

Wissen Sie, warum die Betten vom Mittelalter bis zur französischen Revolution viel kürzer waren als heute? Waren die Menschen so klein? Nein, sie schliefen meist im Sitzen oder Halbliegen. Der Grund dafür war, dass die Menschen Angst hatten, im Liegen krank zu werden oder sterben zu können, weil sie z. B. dachten, dass das ganze Blut im Kopf bleiben würde, wenn man liegt …

Avoir sommeil und **avoir envie de dormir** bedeuten *müde* bzw. *schläfrig sein*. Sind Sie einfach nur müde und „platt", dann sagen Sie **Je suis fatigué(e)** oder umgangssprachlich **crevé(e)**.

LÖSUNG
Dormir debout : 1. C, 2. A, 3. G, 4. B, 5. E, 6. D, 7. F

98 TROIS AMIS

C'est l'histoire de trois amis du nom de Fou, Rien et Personne. Personne est en train de se noyer. Rien demande à Fou, qui est le seul à avoir un portable, d'appeler les pompiers. Fou fait le numéro et dit :
– « Bonjour, je suis Fou et je téléphone pour Rien : Personne est en train de se noyer ! »

Das ist die Geschichte von drei Freunden namens *Verrückt* (Fou), *Nichts* (Rien) und *Niemand* (Personne). *Niemand* ist gerade dabei zu ertrinken. *Nichts* bittet *Verrückt*, der als Einziger ein Handy hat, die Feuerwehr anzurufen. *Verrückt* wählt die Nummer und sagt:
– „Guten Tag, ich bin *Verrückt* und ich rufe wegen *Nichts* an: *Niemand* ist gerade dabei zu ertrinken!"

Hier sind die wichtigsten Notrufnummern in Frankreich:
15 - **le SAMU** - *Notarzt*
17 - **la police** - *Polizei*
18 - **les pompiers** - *Feuerwehr*
oder die europaweit gültige Nummer für alle Notfälle: 112. Und wenn Sie um Hilfe rufen, sagen Sie:
C'est une urgence – *es ist ein Notfall* oder
J'ai besoin d'aide – *ich brauche Hilfe*.

C'EST DINGUE !

CAS D'URGENCE

Diese Wendungen habe alle mit Notfällen zu tun, bis auf zwei. Welche? Kreuzen Sie sie an.

- ○ **A** Au secours !
- ○ **B** Il y a un incendie !
- ○ **C** À vos souhaits !
- ○ **D** Il faut appeler le SAMU !
- ○ **E** Il est blessé !
- ○ **F** Elle est en train de se maquiller !

RIEN + PERSONNE

In verneinten Sätzen kann die Stellung von **rien** bzw. **personne** variieren:
- Als Subjekt: **rien/personne** + **ne** (+ Objektpronomen) + Verb:
Rien/Personne ne l'intéresse – *Nichts/Niemand interessiert ihn.*
- Als Objekt: Subjekt + **ne** + Verb (+ Präposition) + **rien/personne**:
Il ne s'occupe de rien/personne – *Er kümmert sich um nichts/niemanden.*

LÖSUNG Cas d'urgence : C *(Gesundheit!)*, F *(Sie schminkt sich gerade!)*

99 AU CIEL

Après une catastrophe, une centaine de couples se retrouvent au ciel devant Saint-Pierre. Il leur dit :
– « S'il vous plaît, veuillez faire trois lignes. Une ligne pour les femmes, une ligne pour les hommes qui se sont toujours fait mener par le bout du nez par leur femme, et une ligne pour les hommes qui ont su imposer leur volonté à leur femme. »
Sur ce, trois lignes se forment. Un seul monsieur se retrouve dans la ligne des hommes qui ont su imposer leur volonté à leur femme. Saint-Pierre s'approche de lui et lui demande :
– « Monsieur, il y a des années que je n'ai vu personne dans cette ligne. Êtes-vous sûr que vous êtes dans la bonne ligne ? »
– « Je ne sais pas, c'est ma femme qui m'a dit de me mettre ici ! »

Nach einer Katastrophe finden sich ein paar hundert Paare im Himmel vor Petrus wieder. Er spricht zu ihnen:
– „Bilden Sie bitte drei Reihen. Eine Reihe für Frauen, eine Reihe für die Männer, die von ihren Frauen immer untergebuttert wurden und eine Reihe für die Männer, die ihren Willen gegenüber ihren Frauen durchsetzen konnten."
Daraufhin bilden sich drei Reihen. Bei der Reihe der Männer, die ihren Willen gegenüber ihren Frauen durchsetzen konnten, steht ein einziger Herr. Petrus geht zu ihm und fragt ihn:
– „Monsieur, es ist Jahre her, dass ich jemanden in dieser Reihe gesehen habe. Sind Sie sicher, dass Sie in der richtigen Reihe stehen?"
– „Das weiß ich nicht, meine Frau hat mir gesagt, ich soll mich hier hinstellen!"

MENÉ PAR LE BOUT DU NEZ

Es gibt viele Redewendungen rund um das Wort *Nase*, **le nez** auf Französisch. Wissen Sie, was die Sätze bedeuten? Verbinden Sie.

1.	Il a du nez pour les investissements.	.... A	à peu près
2.	La promotion m'est passée sous le nez.	.... B	avoir un bon instinct
3.	Il a le nez dans son livre depuis ce matin.	 C	ne pas obtenir quelque chose
4.	J'ai fait cela les doigts dans le nez.	.... D	faire quelque chose avec concentration
5.	À vue de nez, c'est à deux cents mètres.	.... E	très facilement
6.	La punition te pend au nez !	.... G	ne pas sortir
7.	Il faut toujours lui tirer les vers du nez.	.... H	ne plus être qu'une question de temps
8.	Elle ne met jamais le nez dehors…	 I	faire parler une personne qui ne parle pas beaucoup
9.	Ne mets pas le nez dans mes affaires !	.... J	faire une grimace
10.	Il m'a fait un pied de nez !	.... K	se mêler de ce qui ne nous regarde pas

LÖSUNG
Mené par le bout du nez : 1. B, 2. C, 3. D, 4. E, 5. A, 6. G, 7. H, 8. F, 9. J, 10. I

100 UN COMBLE

Quel est le comble pour un amoureux ?
– « Ce serait de mourir d'un coup de foudre ! »

Was ist der Gipfel für einen Verliebten?
– „Durch die Liebe auf den ersten Blick (einen Blitzschlag) zu sterben!"

Wenn eine Person empört ist, verwendet sie oft die Redewendung **Mais c'est un/ le comble !** – *Das ist (doch) der Gipfel!* Das Wort **comble** bezeichnet immer die Spitze, das Maximum: **C'est le comble de l'absurde !** - *Absurder geht es ja gar nicht!/Total absurd!*

Le coup de foudre ist *der Blitz bei Gewitter, der tödlich sein kann, wenn er trifft.*
Es ist aber auch *die Liebe auf den ersten Blick:* **Cela a été le coup de foudre pour tous les deux !** – *Es war Liebe auf den ersten Blick für beide!*
Übrigens kann das auch mit Dingen passieren: **Elle a eu le coup de foudre pour ce cabriolet rose !** – *Sie hat sich sofort in das rosa Cabrio verliebt!*

ÉMOTIONS

Finden Sie neun Wörter rund um Emotionen in der Buchstabenschlange.

OIÉMUOITEXCITÉLIAGACÉLÉNERVÉLMIUENTHOUSIASMÉWRUTOUCHÉLUBOULEBIIBOULEVERSÉKUOINQUIÉTÉTÉBERATTRISTÉ

Mots d'émotion : ....

PETIT FLIRT

se donner rendez-vous, fixer un rencart (ugs.)
sich verabreden

poser un lapin à quelqu'un
jemanden versetzen

draguer
(an)baggern

le site de rencontres
Dating-Portal

tomber amoureux/amoureuse de quelqu'un
sich in jemanden verlieben

avoir le coup de foudre
Liebe auf den ersten Blick sein

LÖSUNG
Émotions : ému, excité, agacé, énervé, enthousiasmé, touché, bouleversé, inquiet, attristé

101 BONNE ROUTE !

Vous êtes au volant d'une voiture et vous roulez à vitesse constante. À votre droite, le vide. À votre gauche, un camion de pompiers qui roule à la même vitesse et dans la même direction que vous. Devant vous, un cochon qui est plus gros que votre voiture. Derrière vous, un hélicoptère qui vole en rase-mottes et vous suit. Le cochon et l'hélicoptère sont exactement aussi rapides que vous.
– « Face à tous ces éléments, comment faites-vous pour vous arrêter ? »
– « C'est simple, vous descendez du manège ! »

Sie sitzen am Steuer eines Autos und fahren immer gleich schnell. Rechts von Ihnen, der Abgrund, links von Ihnen ein Feuerwehrfahrzeug, das gleich schnell ist und in die gleiche Richtung wie Sie fährt. Vor Ihnen ein Schwein, das größer als Ihr Auto ist. Hinter Ihnen ein Hubschrauber, der im Tiefflug fliegt und Ihnen folgt. Das Schwein und der Hubschrauber sind genau so schnell wie Sie.
– „In Anbetracht all dieser Gegebenheiten, wie kommen Sie zum Stehen?"
– „Ganz einfach, Sie steigen aus dem Karussell aus!"

Nicht miteinander verwechseln!
le manège - *Karussell*
le caroussel - *Karussell mit Holzpferden*
la piste - *Manege* (im Zirkus)

C'EST DINGUE !

MOYENS DE TRANSPORT

Kennen Sie die passenden Verben für die unterschiedlichen Fortbewegungsarten? Übersetzen Sie.

1. Der Zug fährt schneller als mein Auto.

   ....

2. Das Flugzeug fliegt über den Wolken.

   ....

3. Ich gehe zu Fuß zur Schule, es ist nicht weit.

   ....

JEUX CÉRÉBRAUX

In Frankreich liebt man Gehirnjogging. Wobei handelt es sich gar nicht um ein Rätsel? Kreuzen Sie an.

- ○ **A** les mots fléchés
- ○ **B** les vignettes
- ○ **C** les rébus
- ○ **D** les mots croisés
- ○ **E** les sudokus
- ○ **F** les mots doux

Auch unsere „Witze-Karussellfahrt" ist nun zu Ende! Wie auf dem Jahrmarkt heißt es jetzt: **Tout le monde descend ! Merci et à bientôt pour un prochain tour de manège !** – *Alles aussteigen! Danke und bis zur nächsten Runde!*

LÖSUNG
Moyens de transport : **1.** Le train roule plus vite que ma voiture., **2.** L'avion vole au-dessus des nuages. **3.** Je marche pour aller à l'école/Je vais à l'école à pied, ce n'est pas loin.
Jeux cérébraux : C *(Klebezettel, Sammelbild)*, F *(Liebesbriefchen)*

BILDNACHWEIS

Getty Images, München: **12.3, 16** (evgeniy Soloviev); **18.1** (Karolina Madej); **20** (magaliB); **21.1** (A-Digit); **22.1** (Olena Varavina); **22.2** (kathykonkle); **23** (diane555); **24.2, 162.1** (mikessss); **25.1** (shelma1); **26.2** (GeorgeManga); **27.1** (: Gurzzza); **28.1** (nicoletaionescu); **28.2** (mightyisland); **29.1** (FARBAI); **30.1** (nedwoodman); **30.2** (Smart); **33** (zsooofija); **34.1** (siraanamwong); **34.2** (Zdenek Sasek); **36** (Gozded); **37.1** (Pavlo Stavnichuk); **38.1, 46.1, 55** (Ieremy); **39** (browndogstudios); **43** (anttohoho); **44.1** (Eratel); **44.2** (puruan); **48, 54.1** (topform84); **50** (adekvat); **52** (AdrianHillman); **53** (Mesut Ugurlu); **54.2** (serkorkin); **57** (milyana); **59** (Pict Rider); **60.1** (Artis777); **62, 68.2, 120.2, 178.1** (yuoak); **65.1** (insemar); **65.3** (colorcocktail); **65.4** (retoid); **67** (VectorStory); **68.1, 137.1** (pijama61); **70** (quisp65); **71** (ayutaka); **72.1, 136.1** (exxorian); **72.2** (Asya_mix); **73.1, 87.1, 175.1** (Tetiana Lazunova); **75.1, 111** (sabelskaya); **75.2** (poladroid); **76.1** (VasjaKoman); **77, 121.1** (MicrovOne); **78.1** (heather_mcgrath); **80.1** (XiaoYun Li); **80.2** (Vectorios2016); **82.1** (Hana Kruzikova); **83** (Dacian_G); **84** (AzuAya25); **86.2** (shock77); **87.2** (JoyImage); **88.1** (fitie); **88.2** (blueringmedia); **89.1** (YasnaTen); **90.1** (Yutthaphan); **91** (youngID); **92.1** (studiogstock); **94.1** (HeyHeyDesigns); **95.1** (taehoon bae); **96.1** (Inna Tarasenko); **97** (Kittisak_Taramas); **99, 156.2** (Good_Stock); **100.1** (maralvar); **100.2** (NLshop); **101.1** (Julia_Henze); **102** (kbeis); **103.1** (veekicl); **104.1** (Fumika); **104.2** (Aluna1); **107** (lemonadeserenade); **110.1** (coolgraphic); **112** (GrafVishenka); **113** (Dina Mariani); **114.1** (helenfoxgreen); **115** (rambo182); **116.1** (rikirennes); **117.1, 137.2.2** (jamtoons); **119** (LueratSatichob); **120.1, 132** (Maksym Rudoi); **122.1** (keko-ka); **122.2** (Nataleana); **123** (Anna_leni); **123.2** (Berezka_Klo); **126.1** (FrankRamspott); **126.2** (Tetiana Garkusha); **128.2** (istrejman); **129.1** (Anya D); **138.1** (HeadacheRevolution); **139** (greyj); **142.1** (PytyCzech); **142.2** (subarashii21); **143.1** (exdez); **145** (rafyfane); **146** (VectOrOvich); **148** (Bubert); **149.1** (kostenkodesign); **149.2** (Avector); **152** (siridhata); **154** (Ma_co); **155.1** (Maroshka); **157.1** (vectorikart); **158.1** (budi priyanto); **159.1** (mushakesa); **159.2** (TopVectors); **161** (Nina_Piankova); **162.2** (Anastasiia_M); **163** (RedKoalaDesign); **165** (Varijanta); **166.1** (AndreyMakurin); **166.2** (Chayapoll Tummakorn); **169.1** (LarisaBozhikova); **170** (colematt); **171** (sundatoon); **172.1** (Aleksangel); **174** (Alfadanz); **176.1** (artbesouro); **176.2** (Denis Lytiagin); **177** (Bakai); **178.2** (Valentin Amosenkov); **180.1** (romeocane1); **180.2** (CSA Images); **181** (Victor_Brave); **182.2** (icon river); **184.1** (Chinga_11); **184.2** (Alexey Yakovenko); **186** (TatianaNikulina); **189** (Rawpixel); **190** (AntiMartina); **196** (pseudodaemon);
PONS GmbH, Stuttgart: **3,10.1, 18.2, 32, 56, 58, 64, 74, 86.1, 98, 108, 116.2, 124.1, 144, 150, 156, 164.1, 168, 188,** (Mariela Schwerdt);
Shutterstock, New York: **4** (janista); **14.2, 167.2** (GooseFrol); **17.1** (Daniela Barreto); **21, 143.2.2** (Undrey); **26.1** (Scc.comics); **40, 65.2** (Veronika Rumko); **41** (Drawlab19); **46.2** (browndogstudios); **46.3** (Morphart Creation); **47** (artnLera); **66** (Athos Boncompagni Illustratore); **81** (Travel Drawn); **90.2** (John Vectororvich); **110.2, 128.1** (primiaou); **117** (NB_Factory); **118** (Natasha Pankina); **125.1** (Ecaterina Sciuchina); **130.1** (topform); **131.1** (Freud); **135.1** (males_design); **140.1, 142.3.1** (Valeriya_ Dor); **147** (josep perianes jorba); **158.2** (Babich Alexander); **160** (Perfect Vectors); **164.2, 167.1, 182.1** (Fafarumba); **187** (alfaori)